Georges Courteline

Les chroniques de Georges Courteline dans "les Petites nouvelles"

Copyright © 2022 Georges Courteline (domaine public)
Édition : BoD – Books on Demand, info@bod.fr.
Impression : Books on Demand, In de Tarpen 42, Norderstedt (Allemagne)
Impression à la demande
ISBN : 978-2-3224-2026-1
Dépôt légal : juillet 2022
Mise en page et maquettage : https://reedsy.com/
Tous droits réservés pour tous pays.

I

Sans pénétrer aucunement dans le domaine de la politique,–à Dieu ne plaise que ça m'arrive jamais, –je peux dire que les anarchistes commencent à devenir encombrants.

Ces gens-là ne font parler que d'eux; quand ça n'est pas pour une chose, c'est pour l'autre.

Ils ont tenté, ces jours derniers, de faire avaler une boulette à M. le comte de Paris, et, à peine l'émotion causée par cette horrible tentative commence-t-elle à se calmer, que, brusquement, comme par enchantement, nos murs se couvrent d'affiches rouges, terrifiantes de laconisme, et portant aux quatre coins de la ville ce cri de détresse et de misère:

J'ai faim! J'ai faim ! *j'ai faim* !

Ceux qui n'ont pas vu de leurs yeux l'aspect de Paris ce jour-là, ne peuvent s'en faire aucune idée.

C'était navrant.

Victor Hugo en eût pleuré.

*

Heureusement, M. Camescasse eut l'excellente idée de faire enlever ces affiches à mesure qu'on les collait et de les faire jeter au ruisseau. Après quoi il s'aperçut que ce qu'il avait pris naïvement pour une excitation au pillage des charcuteries n'était autre chose qu'une innocente annonce du roman feuilleton *J'ai faim,* actuellement en cours de publication dans le journal les *Petites Nouvelles*.

On pense bien qu'à la nouvelle de ce massacre de nos marchandises nous nous transportâmes en bloc à la préfecture de police. Nous y arrivâmes, d'ailleurs, dix minutes trop tard; le sacrifie était consommé. Nous ne pûmes obtenir que des explications, que nous avons jetées dans la rue, en sortant, et des excuses dont nous accusons réception.

Avec tout ça, nous sommes refaits de quelque chose comme trois cents francs, plus trente-cinq sous d'une voiture que nous avions été dans l'obligation de prendre pour ne pas arriver avec des chaussures sales.

Mais ça nous est égal, nous sommes bons princes et nous donnons quittance à M. Camescasse. Si cet argent lui pèse sur la conscience, il est libre d'en faire bénéficier qui il voudra: les petits Chinois ou l'œuvre des Statues de France.

*

Car je commence à croire que c'est une entreprise. C'est tous les jours une statue nouvelle, qui demande à cor et à cri à faire son apparition, et la semaine qui, sur ce point, a été particulièrement accablante, peut se résumer comme suit:

Lundi

Proposition, par un journal du matin, d'élever une statue à VICTOR DE LAPRADE, poète lyrique, ex-membre de l'Académie (François Coppée. successeur.)

Mardi

Proposition, par un journal du matin, d'élever, dans les parages de l'Observatoire, une statue à JEAN PAUL BÉRANGER, ex-chansonnier populaire. (Villemer et Delormel, successeurs.)

Mercredi

Nouvelles rassurantes, fournies par un journal du matin, sur la santé de la statue de VICTOR Hugo.

Jeudi

Proposition, par un journal du matin, d'élever une statue à l'amiral COLIGNY, ancien huguenot, assassiné par Charles IX dans la nuit de la saint Barthélémy, et par Voltaire dans la Henriade.

Vendredi

Proposition, par un chroniqueur bien inspiré, d'élever une statue à l'amiral Le Kelpudubec.

*

Ces diverses motions ont été accueillies par de violents éclats de rire. La dernière, seule a paru fixer l'attention. Après avoir fait le tour de la presse, elle est arrivée à bon port chez Mme Juliette Lamber, où les habitués de la maison se m ettaient en devoir d'en discuter l'urgence, quand ils apprirent, avec douleur, que son auteur, soupçonné d'accointance avec les anarchistes, venait d'être, pour cette raison arrêté par les sbires de M. Camescasse.

Le fait était malheureusement vrai: l'infortuné venait d'être jeté sur la paille humide des cachots.

Il y a pourri une heure et demie et n'a été rendu enfin aux douceurs de la vie de famille que sur les supplications de son concierge et les témoignages flatteurs de sa femme de ménage.

*

La police est, on le voit, aussi bien faite chez nous que la justice est bien exécutée chez nos bons amis d'outre-Manche.

Un importante ville anglaise vient, en effet, d'être le théâtre d'une scène extrêmement plaisante.

Un coquin, convaincu de double assassinat, avait été, pour cette espièglerie, condamné à être pendu, et attendait avec une légitime impatience le moment de son exécution. Le grand jour arriva enfin, et avec lui, l'exécuteur des hautes œuvres,—gris comme on ne l'a jamais été qu'à Varsovie, avant que le calme y régnât.

Ce fonctionnaire grimpa sur l'échafaud, et là, en présence du public, coram populo, comme dirait Tacite, se livra à différentes facéties, dont la plus spirituelle fut de s'y reprendre à TREIZE FOIS avant de mener son client à bonne fin.

Treize fois! nombre fatidique! Le patient s'en aperçut. Il en mourut, tout simplement.

Je dois ajouter, au surplus, qu'on ne m'accuse pas de farder la vérité, qu'immédiatement après sa mort on reconnut son innocence, mais ça ne change rien à ce que je dis.

*

De Liverpool, où s'est passé cet incident, à la place Saint-Germain-des-Prés, il n'y a guère que quelques journées de traversée et sept heures et demie de chemin de fer; ce qui m'amène, sans que personne s'en soit douté, devant les bancs de la police correctionnelle.... où s'asseyaient, pas plus tard qu'hier, les sieurs Pailloux et Charles Trévoazan.

On sait ce que je veux dire.

Ces drôles, l'un cocher, l'autre conducteur du tramway sud de Clamart, avaient conçu l'étrange dessein, pour abréger la longueur du parcours, de grignoter de pair une pomme verte, dans la personne d'une petite blanchisseuse bête comme une oie, dit la chronique, mais cependant suffisamment intelligente pour des gens blasés de longue date sur la conversation des chevaux. Ils ont donc voulu à toute force donner de l'esprit à cette niaise, suivant le procédé du bonhomme; malheureusement ça n'a pas pris, cette niaise s'étant formellement refusée à troquer sa position contre une autre plus intéressante; si bien que ses deux précepteurs en ont été pour leurs tentatives d'éducation, plus trois mois de prison et16fr. d'amende.

S'ils eussent, sur le bout du doigt, possédé leur Victor Hugo, ils auraient su que la pièce:

Louis, voici le temps de respirer les roses

n'est pas datée du mois de mars. Malheureusement on ne peut pas en demander tant à des conducteurs de tramways.

II

Il nous en arrive une bonne.

Les habitants de Passy et de Grenelle, éprouvant le désir de voir courir des chevaux,—c'est une distraction comme une autre pour les gens qui n'ont rien à faire,—députèrent ces jours-ci, au gouvernement, plusieurs notables commerçants du quartier, en vue d'obtenir que le Champ de Mars fût converti en champ de courses. M. Waldeck-Rousseau, ministre de l'intérieur, prit immédiatement la parole, et, toujours aimable, se déclara trop heureux de pouvoir acquiescer à un semblable désir.

—Messieurs, dit-il, c'est le Champ de Mars que vous demandez; eh bien, je vous en fais cadeau pour vos œufs de Pâques. Je vous le donnerais bien tout de suite, malheureusement je ne l'ai pas sur moi, et vous aurez la peine d'aller le prendre vous-mêmes. Vous trouverez bien tout seuls, n'est-ce pas? C'est à une demi-heure d'ici, entre la Seine et l'Ecole-Militaire.

*

Les délégués de Passy et de Grenelle, avec force remerciements, s'apprêtaient déjà à filer, quand M. le ministre de la guerre les arrêta sur le seuil de la porte.

—Messieurs, dit-il avec sa rude franchise d'ancien militaire, inutile de tant vous presser. Mon collègue est trop généreux; on voit bien que ça ne lui coûte rien.

—Comment cela, exclama M. Waldeck-Rousseau?

—Parfaitement, reprit son interlocuteur, le Champ de Mars m'appartient en propre, c'est M. Grévy qui me l'a donné, et je serai très obligé à ces messieurs de n'y pas toucher le moins du monde vu que je le trouve très bien comme il est.

M. Waldeck-Rousseau haussa légèrement les épaules:

—Voilà, ma foi. une étrange prétention; le Champ de Mars est ma propriété et je prétends en disposer comme bon me semble.

—Il est à moi, et ces messieurs ne l'auront pas!

—Ilest à moi et ces messieurs peuvent dès maintenant en user à leur convenance!

Les deux hommes se levèrent et, pâles de rage, s'avancèrent l'un sur l'autre, tandis que "ces messieurs," absolument abasourdis et se confondant en excuses, répétaient sur des tons divers:

—Mon Dieu! mon Dieu, quel ennui!... Une semblable discussion... Nous sommes vraiment désolés... Si noua avions pu supposer que nous vous causerions un pareil dérangement, etc., etc.

Avec tout cela, comme deux ministères revendiquent la propriété du Champs de Mars, il y a tout lieu de penser qu'il n'appartient ni l'un ni à l'autre.

Alors à qui appartient-il? Peut-être à moi.

Il faudra que j'en aie le cœur net et que je voie cela en rentrant.

*

Ces désaccords, résultats directs d'une administration que, selon le cliché, toute l'Europe nous envie, sont beaucoup plus fréquents qu'on serait porté à le croire, et je citerai à ce sujet, une impayable histoire de guérite, qui s'est passée, il y a quelques années, dans une petite ville de province, assez voisine de Paris.

Cette petite ville, chef-lieu de brigade militaire depuis des temps immémoriaux, possédait entr'autres curiosités, un général, un factionnaire et une guérite. Il arriva, par suite d'une décision ministérielle, que le général commandant reçut son changement de résidence, et s'en alla, emportant son factionnaire. La guérite demeura seule, servant de refuge aux chiens perdus, et s'ennuyant à en périr, dans une rue où, bon an mal an, il ne passait pas quinze personnes.

Cet état de choses dura deux ans, après quoi, le conseil municipal s'aperçut tout à coup que cette inutile baraque gênait horriblement la circulation publique. Il s'en émut, chercha un moyen, et c'est ainsi qu'un beau matin le maire arriva en personne chez le colonel du régiment de dragons garnisonné dans la petite ville.

—Mon colonel, dit ce magistrat, il faudrait pourtant se décider à débarrasser le trottoir de la guérite du général. Elle encombre et elle ne sert à rien.

—Je ne vois pas bien, répondit le colonel, en quoi elle encombre tant que ça. Si cependant, il en est ainsi, vous pouvez faire une chose bien simple, c'est de la démonter et de la jeter au feu.

—Le conseil est beaucoup trop bon, mon colonel, pour que vous n'en profitiez pas, car la guérite vous appartient de droit, en tant que fourniture militaire.

—C'est absolument ce qui vous trompe; la propriété en revient à la ville.

—Je vous demande pardon.

—Moi aussi.

Et cette lutte de générosité se prolongea pendant trois heures, au bout desquelles le colonel, naturellement impatient, trancha net la discussion en flanquant le maire à la porte.

*

Le cas était beaucoup trop grave pour que le conseil municipal pût se résigner à se tenir pour battu: une double pétition fut donc adressée au ministère de l'intérieur au ministère de la guerre, revêtue de nombreuses signatures, et exposant les multiples calamités qui résulteraient pour la ville du maintien de la guérite abandonnée. Les deux administrations étudièrent l'affaire plusieurs mois, discutèrent le pour et le contre, entrèrent dans les considérations les plus abstraites et, finalement, tombèrent d'accord pour déclarer que ça ne les regardait ni l'une ni l'autre.

La guérite en riait comme une bête.

Bref, après des années entières-de pourparlers, de luttas et de démarches, la baraque fut définitivement enlevée et transportée dans un chantier municipal, où elle s'émiette, s'effondre peu à peu, et termine sa noble carrière dans une pourriture mélancolique.

Vous concluez peut-être de ce dénoûment que la question a été tranchée? Ah! bien, oui! Si la petite ville a pris la lourde charge de donner l'hospitalité, sur ses terrains, à la guérite du général, croyez bien qu'elle en reçoit la juste récompense. Elle émarge au budget de la guerre, pour une somme de VINGT sous par an, qui lui est généreusement et scrupuleusement ordonnancée pour le remboursement de ses frais d'entretien.

Et le jour où cette indemnité ne sera pas soldée jusqu'au dernier centime, la magistrature française aura vraiment de l'agrément.

Vous pouvez m'en croire sur parole.

III

Jules Moinaux, dont les étincelantes revues judiciaires concourrent depuis si longtemps et dans une si large part à la fortune du *Charivari* , nous dévoile un petit incident, extrêmement original et neuf, qui vient de se passer à Ploermel, en Bretagne.

Cette petite ville, illustrée par la musique de Meyerbeer, est dotée d'une population dont le nombre se chiffre par quelques centaines d'habitants; d'une gendarmerie composée d'un gendarme, d'un brigadier et d'un maréchal-des-logis; d'une sous-préfecture composée du sous-préfet et du portier du sous-préfet; d'un tribunal composé d'un président et de deux juges, et d'un barreau exclusivement composé d'un seul membre: Me Allain, pour ne pas le nommer.

Ce jeune homme pourrait, s'il le voulait, personnifier à merveille le type de l'avocat, en passant successivement, dans une même cause, d'un côté à l'autre de la barre, en défendant avec autant de conviction et de feu le bon droit de deux parties adverses dont il ferait ensuite ressortir l'inanité et le non-fondé des plaintes; en devenant enfin, son propre adversaire et en se collant lui-même au mur par des arguments aussi triomphants et irréfutables qu'ils seraient coulés bas cinq minutes après. Il arriverait ainsi à une merveilleuse habileté dans l'art de retourner les gants et embellirait rapidement son existence qui n'est précisément pas pavée de louis d'or.

Il ne le fait pas cependant, et pour deux raisons. La première c'est que s'il est pauvre il est honnête; la seconde c'est que, quoi qu'il fasse, il ne peut venir à bout de plaider, même d'un seul côté de la barre.

Je m'explique.

*

Personne n'ignore que, pour rendre un arrêt, un tribunal doit être composé de trois membres, et que dans le cas où l'un des juges fait défaut, il est remplacé aussitôt par un avocat au choix, désigné par le président.

Or, dans ce dernier cas–Me Allain étant le seul avocat du barreau de Ploermel–comme dit le *vulgum pecus* , y a pas d'erreur, et c'est toujours son tour.

C'est si bien toujours son tour que le pauvre gar çon, en moins de quatre ans, a fait fonctions de juge près de quatre cents fois, c'est-à-dire que, toutes pro portions établies, déduction faite des dimanches, jours " fériés, vacances du jour de l'an, vacances de Pâques, grandes vacances, etc., il a siégé à lui tout seul un peu plus que les trois magistrats réunis, lesquels, à tour de rôle, éprouvent le légitime besoin d'aller pêcher des ablettes ou des brèmes et d'aller voir si le printemps s'avance dans les campagnes chères à feu Brizeux.

Ce *choix* , qui ne se renouvelle jamais, est extrême ment flatteur pour le jeune avocat; malheureusement il laisse à désirer au point de vue lucratif; les fonc tions de juge par occasion n'étant aucunement rétri buées. Me Allain a naturellement fini par s'en lasser, en sorte que, ces jours derniers, s'avançant devant le tribunal pour y présenter une défense quelconque, et ayant entendu le président lui dire: "Maître Allain, mon honorable assesseur, M. X..., étant resté chez lui pour se purger, vous allez avoir le plaisir de vous installer à ma droite et de le remplacer dans ses hautes fonctions ", dame! il s'est fâché tout rouge, a déclaré qu'il en avait assez et que, cette fois, il ne siègerait pas.

—Maître Allain, lui dit le président, que vous veuilliez ou que vous ne veuilliez pas, c'est exactement le même prix. Je vous fais sommation de siéger auprès de moi; de par la loi, qui vous y oblige.

—Monsieur le président, répondit l'avocat, si la loi m'y oblige, c'est une autre histoire; qu'on aille chercher le seul gendarme de Ploermel pour qu'il me traîne de force près de vous.

*

Les choses n'allèrent pas aussi loin; on n'alla pas déranger pour si peu la gendarmerie de Ploermel, mais maître Allain fut condamné séance tenante à une suspension d'un mois, laquelle vient d'être réduite de moitié en appel.

Et voilà un pauvre diable qui, après avoir, pendant près de quatre années, jeté à contre-cœur, sur la paille des cachots, des gens que sa mission le portait quand même à innocenter, se trouve à l'heure qu'il est dans cette situation exceptionnelle, qu'il est ensemble batonnier, avocat, conseil de l'ordre, juge, président et, pour en finir, rien du tout.

Mais c'est le tribunal qui s'amuse!

Pensez donc: plus d'avocat, partant plus de juge, et c'est, pour les trois magistrats, la faculté d'aller pêcher des brèmes, d'attendre le printemps à la gare, ou de se purger pendant quinze jours de suite, sans que personne ait le droit de rien dire.

IV

Les chiens sont les amis de l'homme; comme, d'ailleurs, tous les animaux qui en ont reçu des coups de pied et se savent destinés à en recevoir de nouveaux. La Providence, qui sait parfaitement ce qu'elle fait, les a créés et mis au monde pour servir d'exemples à l'humanité, lui prêcher la fidélité, l'humilité, le pardon des injures et la nécessité d'avoir toujours un maitre. Malheureusement, l'humanité ne veut en faire qu'à sa tète: de là le duel, l'adultère, le régime républicain, et la croix de la Légion d'honneur. Seuls, quelques hommes—*rari nantes* —ont eu le bon sens de n'y pas mettre d'entêtement, ce qui permet d'affirmer qu'ils seraient de parfaits caniches, s'ils en avaient l'intelligence.

*

De tous les animaux qui en ont sauvé d'autres au péril de leur propre vie, le chien est peut-être, le seul qui n'ait jamais acheté les journaux du lendemain dans l'espérance d'y constater qu'il s'était dérobé la veille aux remerciements de la victime et aux félicitations des assistants.

Il est peut-être le seul, de tous les domestiques, qui suit jamais allé aux Halles avec un panier dans la gueule; et il est le seul, dans tous les cas, qui n'en ait jamais fait sauter l'anse.

Si le bel art de la chorégraphie n'est pas entièrement disparu de notre doux pays de France, c'est à lui que nous le devons: il est le seul, en effet, qui pousse encore le dévouement jusqu'à danser à son corps défendant, donnant ainsi aux jeunes gens d'aujourd'hui de grandes et terribles leçons.

*

Les chiens se sont créé à notre gratitude les titres les plus nombreux et les moins contestables. C'est pourquoi les enfants des hommes qui ne sont pas, en fin de compte, aussi mauvais qu'on veut bien le dire, ont décidé de leur donner un témoignage, tardif mais éclatant, d'estime et de reconnaissance, et ils vont leur élever un monument dont la façade portera, gravé en lettres d'or:

AUX CHIENS PERDUS

Comme on le voit, cet édifice ne sera pas purement honorifique; non seulement il propagera la mémoire des chiens dans les siècles les plus reculés, mais il concourra encore à la prolongation de leur existence en pourvoyant à leurs besoins, et il sera, en quelque sorte, leur hôtel des Invalides.

*

Situé en bon air, dans la banlieue de Paris, il offrira aux malheureux déshérités une hospitalité, sinon luxueuse, au moins confortable, et où ils trouveront, délicatement réunies, toutes les douceurs de la vie de famille. Une nourriture saine et abondante, des locaux vastes et aérés, leur assureront les conditions de gaieté et d'hygiène les plus favorables au développement de la vieillesse.

Un domestique se mêlera à leurs jeux, veillera au maintien du bon ordre et le rétablira, au besoin, à l'aide d'un bâton de cornouiller dont il n'usera, du reste, qu'avec une excessive modération et après avoir épuisé tous les arguments de paix et de concorde que lui aura dictés son bon cœur.

Un tondeur sera attaché à la maison et spécialement affecté au service des pensionnaires. Il rasera gratuitement les caniches et, par le bon entretien de leurs moustaches blanches, les conservera dans un état de ressemblance frappante avec le général Tchernaïeff.

Ils ne seront nullement exclus des plaisirs de ce monde, et un grand nombre de jeux de dominos, laissés à leur disposition, leur permettront de se livrer à leur distraction favorite.

*

Voilà une idée excellente, issue d'un sentiment dont la délicatesse est au-dessus de tout éloge. Aussi, les organisateurs de l'exposition canine qui va prochainement s'ouvrir aux Tuileries, se sont-ils fait un point d'honneur de ne point se laisser dépasser en générosité.

Ils se sont donc creusé la tête pour découvrir ce qui restait à faire et ils ont inventé quelque chose de très heureux : une distribution solennelle des prix, en présence du peuple assemblé.

J'ajoute que, seuls, les chiens d'aveugles seront appelés à concourir, et que les traditionnels volumes de la librairie Marne seront remplacés, pour la circonstance, par des médailles de valeurs différentes.

Cette manière de flatter les chiens en les grattant dans leur amour-propre est, je le répète, des plus ingénieuses.

Malheureusement elle manque tout à fait à son but, en ce sens que les récompenses passeront avec une rapidité vertigineuse du cou des chiens aux mains des maîtres et seront promptement converties en consommations variées.

Or, je veux bien que le sort des aveugles soit digne de tout notre intérêt, mais de là à une récompense il y a loin, à moins qu'on ne veuille considérer l'art de jouer de la clarinette comme la plus haute expression du vrai mérite.

V

Michel Campi vient d'en finir avec la vie; c'est très regrettable, étant donné le bel usage qu'il en faisait.

Je ne songe nullement, je vous prie de le croire, à me jeter dans d'agréables plaisanteries sur le compte de ce malheureux qui, au surplus, ne doit plus rien à personne et a reçu son solde de tout compte. J'estime, dans une certaine mesure, que, s'il est beau de ne pas faire de dettes, il est peut-être encore plus beau de payer celles qu'on a faites. Cependant, ce n'est pas le cas, et il est clair que l'infortuné M. Ducros de Sixt vient de recouvrer une créance dont il se serait bien passé.

*

Ces petites fêtes font le bonheur du journalisme parisien. C'est tout de suite trois colonnes de remplies et, comme de juste, une jolie simplification de travail pour le secrétaire de rédaction.

J'ai profité de l'occasion pour en avoir une bonne fois le cœur net et savoir définitivement à quoi m'en tenir sur le compte des journaux qui cultivent le reportage et ont eu cette barcque idée de l'installer sur une grande échelle. Je me suis donc livré à un travail de compulsation que j'oserai qualifier de gigantesque, et j'ai l'honneur de soumettre aujourd'hui à la déception du public le brillant résultat auquel je suis parvenu.

Voici, en effet, dépouillé de tout artifice, le résumé des comptes rendus offerts hier en pâture à la curiosité, par les trois journaux *les mieux informés* de Paris. Je ne les nommerai naturellement pas, ne voulant faire de chagrin à personne, confiant du reste en la clairvoyance des Parisiens qui veulent bien me lire.

*

Le journal l'*Ours blanc* le journal l'*Ours brun*, le journal l'*Ours noir* s'expriment tous trois de la manière qui suit:

L'EXÉCUTION DE CAMPI

On sait que le système spécial d'informations dont il jouit, constitue à l'Ours blanc (*l'Ours noir, l'Ours brun; le lecteur fera les variantes*) une incontestable supériorité sur tous ses autres confrères de la presse. Le moment étant venu de le prouver une fois de plus, nous avons tenu à honneur de nous affirmer une fois de plus, et de nous tenir à la hauteur de notre universelle réputation. L'exécution du mystérieux assassin de la rue du Regard a eu lieu ce matin dans les circonstances les plus émotionnantes, et nous en donnons ci-dessous le récit aussi détaillé que saisissant. Nous croyons inutile d'en garantir, la main sur la conscience, la minutieuse exactitude.

*

VERSION DE L' "OURS BRUN"

La nouvelle a été connue, hier, dans la matinée, et c'est après son déjeuner que M. Deibler. l'exécuteur des hautes-œuvres, s'est rendu au cabinet de M. le procureur général, où il a reçu l'ordre d'exécution.

M. le procureur général connaissait depuis longtemps la détermination bien arrêtée du président de la République, et, depuis une semaine déjà, attendait de jour en jour, le retour du dossier.

Informés les premiers, nous avons immédiatement envoyé nos meilleurs *reporters* à l'endroit où devait avoir lieu l'exécution.

Une foule considérable avait envahi, dès huit heures, toute la place de la Roquette, et nous avons eu toutes les peines du monde à parvenir jusqu'au lieu du supplice, où les bois de justice avaient été apportés au commencement de la soirée.

Une petite pluie, fine, pénétrante, tombait du ciel chargé de nuages, glaçant les assistants et les membres de la presse. (*Les membres de la presse sont, en effet, aussi accessibles à l'humidité que le commun des mortels. C'est triste, mais c'est comme ça.*) A quatre heures l'aumônier de la prison, le vénérable abbé Moreau, a pénétré dans la cellule du condamné, accompagné de M. Beauquesne, directeur de la Roquette, de M. Baron, commissaire de police, etc., etc.

Campi dormait profondément, comme un homme que les veilles successives ont brisé de fatigue, et on a dû l'appeler et le secouer plusieurs fois avant de pouvoir l'éveiller. M. Beauquesne lui a alors appris la triste mission dont il était chargé, et le condamné est demeuré quelques instants immobile, comme frappé de stupeur. Il a fallu l'aider à descendre de son lit, lui passer ses chaussettes aux pieds, et l'habiller comme un enfant. Le malheureux était inerte.

Il s'est entretenu dix minutes environ avec l'aumônier, et, ceci fait, il s'est mis en chemin comme un homme ivre, soutenu sous les bras par les aides du bourreau. Il a embrassé le crucifix qui lui a été placé de force sur les lèvres. Un instant après, la justice des hommes était satisfaite.

*

VERSION DE L'" OURS BLANC"

La nouvelle de l'exécution de Campi n'a été connue que fort tard, et le procureur général en a été stupéfait, ayant été informé, par son système spécial d'informations, que le président de la République était déterminé à grâcier le coupable.

Informés les premiers... (*et cætera, –voir plus haut*).

Sur la place, quelques personnes se promènent, et nous parvenons facilement jusqu'à l'emplacement réservé à la guillotine. On était convaincu de toutes parts que le condamné ne serait pas exécuté, en sorte que peu de curieux ont pris la peine de se déranger.

A trois heures du matin seulement, les fourgons de M. Deibler apportent les bois de justice, et la guillotine est silencieusement montée, sous la clarté resplendissante de la lune, qui, au milieu d'un ciel pur et serein, éclaire le visage des membres de la presse. (*Les membres de la presse sont en effet visibles à l'œil nu aussitôt qu'il y a clair de lune.*)

A quatre heures et quart, M. Beauquesne, directeur de la Roquette, invite M. l'abbé Moreau, le vénérable aumônier, à l'accompagner dans la prison de Campi que le moment est venu d'éveiller, mais le pauvre prêtre est tellement ému qu'il s'y refuse et préfère se tenir à l'écart en ce moment pénible.

Campi dormait, mais d'un sommeil tellement léger (le sommeil d'un homme que la pensée de la mort assiège nuit et jour) qu'il s'éveilla au premier appel.

A la nouvelle de son supplice, il s'est borné à dire: "C'est bien.» Il a sauté de son lit, a mis lui-même ses chaussettes et passé son pantalon.

Il s'est refusé à se confesser. Il a seulement bu un verre de vin blanc, après quoi il s'est mis en chemin lui-même, s'est dirigé vers la guillotine et s'est placé de lui-même sur la bascule.

Un instant après.., (*et cætera*).

*

VERSION DE L' "OURS NOIR"

La nouvelle de l'exécution de Campi est parvenue hier, dans le courant de la journée, à M. le procureur général, lequel ignorait complètement, d'ailleurs, la décision que songeait à prendre le président de la République.

Informés les premiers... (*et cætera*).

Sur la place, un public exclusivement composé de journalistes et de membres de la préfecture, assistent à la montée de l'instrument de supplice, qui n'est apporté que fort tard par les fourgons de M. Deibler et est construit en quelques minutes.

Le ciel est alternativement très clair et très nuageux, et cette particularité défraie les conversations de tous les membres de la presse.

(*Les membres de la presse ont cela de très curieux, qu'ils causent volontiers de la pluie et du beau temps.*)

A quatre heures et demie, l'aumônier de la Roquette, M. Beauquesne, directeur, M. Baron, commissaire de police, etc., pénètrent solennellement dans la cellule du condamné: Campi ne dormait pas; comme un homme dont le cauchemar continuel de la mort entretient les veilles sans relâche.

En apprenant la triste nouvelle, il est sorti lentement de son lit et a commencé de s'habiller.

Plusieurs de nos confrères ont tenté d'insinuer, les uns, qu'on lui avait passé ses chaussettes aux pieds, les autres, qu'il les avait prises et les avait mises lui-même. Rien n'est plus faux, Campi ne portait plus de chaussettes depuis le commencement de son incarcération, mais seulement des chaussons de lisière.

Il est demeuré seul un instant avec M. l'abbé Moreau et il lui a posé diverses questions sur le public qui venait assister à son supplice et aussi sur l'heure qu'il était; après quoi, il a été pris sous le bras par le bourreau et il a quitté sa cellule.

Un instant après... (*et cætera*).

*

J'ignore quelle impression a pu causer sur le public la lecture de ces différents récits, aussi scrupuleusement exacts les uns que les autres.

Pour mon compte, c'est extrêmement simple, et je suis aujourd'hui convaincu que l'assassin de la rue du Regard, dont j'ai vu de mes propres yeux tomber la tête ensanglantée, vit paisiblement de ses rentes dans un petit coin de province, en priant Dieu de lui prêter vie.

VI

S. M. la reine Maharu, satisfaite de l'accueil qu'elle rencontre chez nous et trouvant, au point de vue des distractions, la capitale de la France supérieure à la capitale de Taïti (je comprends ça), aurait décidé, paraît-il, de s'octroyer une prolongation de congé.

J'en suis heureux autant que fier.

A moins d'être bien difficile, en effet, on ne peut qu'être flatté de posséder dans ses murs une Majesté qui vous fume votre tabac.

*

Je sais donc le meilleur gré à mon gouvernement de rester aujourd'hui, à l'égard de cette étrangère, fidèle aux traditions de notre vieille galanterie; mais où je cesse de comprendre, c'est quand on me dit que la reine Maharu voyage chez nous incognito et sous le nom de Mme Salmon.

Comment! voilà une brave dame qu'on bourre littéralement de plaisirs et d'honneurs, qu'on pilote successivement de l'Ecole des Jeunes Aveugles à l'Ecole des Sourds-Muets, en passant par tous les hôpitaux de Paris; qu'on initie, dans la loge présidentielle, à nos petites batailles parlementaires, et à laquelle on fait un service de choix aux représentations de gala des Bouffes-du-Nord, et cette dame, c'est tout simplement Mme Salmon, une quarteronne qui vient voir nos monuments!

C'est exactement comme si l'empereur de Russie venait en tournée à Paris, et, casque en tête, cuirassé d'or, chaussé de bottes invraisemblables, ainsi qu'il est représenté sur les couvercles de boîtes à cirage, se faisait annoncer aux soirées de l'Elysée sous le nom de M. Bertrand.

L'incognito de la reine Maharu est-le plus beau jour de ma vie.

Tout de même, c'est une souveraine qui peut se vanter d'être favorisée: le temps, qui a été ignoble jusqu'ici, tourne au beau fixe tout exprès pour elle, et .juste elle arrive à Paris au même moment que l'homme à la tête de veau.

C'est de la veine où je ne m'y connais pas.

*

Et au fait, pendant que nous y sommes, si nous en disions quelques mots, de l'homme à la tête de veau.

Le héros du jour, messieurs, l'homme à la mode s'il en fût! Il emplit la presse de son nom, défraye toutes les conversations et trouble l'âme des v... ierges des Folies-Bergère, qui lui ont voué, par anticipation, une affection toute maternelle.

Il paraît que ce brave garçon a l'intention de vendre sa tête.

Pas à un tripier.

Non, la Faculté de médecine de Paris songerait à la lui acheter pour en jouir quand il sera mort, et la conserver dans l'huile jusqu'à la consommation dés siècles. Et le phénomène aurait accepté l'offre. Franchement, le journal du matin qui lui prête cette intention, aurait mieux fait de lui prêter une autre tête.

Mais ne faisons pas de plaisanterie sur le compte de ce malheureux qui est plus à plaindre qu'à blâmer et auquel, à tout prendre, nous devons de la reconnaissance. Pourquoi pas? Paris s'attristait, tournait à la mélancolie: la crise commerciale que nous traversons, la conversion du cinq pour cent, les représentations de Smilis, toutes ces choses avaient porté une cruelle atteinte à notre vieille et traditionnelle gaieté: arrive l'homme à la Tête de veau, et tout de suite voilà les visages qui s'épanouissent, le rire éteint qui reparaît, la blague qui reprend le dessus.

Car nous avons cela de bon, que nous ne sommes pas difficiles à amuser, et que, chez nous, certaines plaisanteries ne s'usent jamais.

Certains mots qui ont égayé nos ancêtres pendant plusieurs générations, auront le don d'égayer encore plusieurs générations de nos petits neveux.

La Tète de veau est de ces mots-là.

On a pu penser un moment que le " Chinois" aurait le même sort, mais on comptait sans les bienfaits de la civilisation qui ont enlevé à l'expression sa saveur et son pittoresque, et l'appellation de Chinois, après avoir fait tordre de rire toute la génération de 1862, comme le constate Noriac dans le *Journal d'un Flâneur*, est aujourd'hui tombée dans un discrédit complet. A peine a-t-elle conservé un dernier prestige aux yeux de quelques professeurs de septième. Et encore c'est l'exception.

*

J'ai cité le *Journal d'un Flâneur*, un des ouvrages les plus charmants et les plus personnels du pauvre Jules Noriac. Calmann-Lévy vient de lui donner un pendant par la publication posthume de *Paris tel qu'il est*.

Rien de triste comme ces éclats de rire derrière lesquels il y a un mort.

Voilà près de quinze mois que Noriac est enterré et je sens encore sur ma main la pression à peine sensible de cette main qu'on ne pouvait plus serrer sans faire pousser des hurlements à ce mourant qui agonisa plus de deux années; j'ai sous les yeux cette tête autrefois si charmante et disparue tout entière dans l'ignominie repoussante de la plaie; j'entends cette voix devenant de plus en plus insaisissable à mesure que les dents, les unes après les autres, tombaient avec la gencive.

C'est dans cet état que Noriac, en pleine possession de son esprit et demeuré au milieu de son supplice le bavard éblouissant du café de Suède, continuait à faire des mots et à conter ses souvenirs charmants de boulevardier, aux rares fidèles de la maison.

Voici l'histoire qu'il me conta, quelques journées avant sa mort.

*

Ayant sur beaucoup d'hommes sa génération cette supériorité d'avoir aimé les vers et sur beaucoup de poètes d'aujourd'hui cette supériorité de n'en avoir jamais fait, il avait voué à Théophile Gautier une admiration sans bornés, et un beau jour, avec ce besoin d'expansion particulier aux jeunes gens,–Jules Noriac, à cette époque, n'était encore que Jules Cayron,–il éprouva la besoin d'exprimer au poète le culte qu'il professait pour lui. Il se mit à l'œuvre, sua, trima, accoucha laborieusement d'une lettre bourrée d'épithètes sonores et de protestations de toutes les couleurs, et jeta le tout à la poste avec cette simple suscription, qui lui parut le dernier mot de la flatterie et du bon goût:

A THÉOPHILE GAUTIER

Auteur d'*Albertus!*

Puis il attendit: rien ne vint.

A quelques jours de là, muni d'une lettre d'entrée, il alla chez Arsène Houssaye, qui l'invita à déjeuner.

—Mais... dit Noriac.

—Pourquoi pas? Justement, j'aurai Gautier: vous ferez connaissance à table.

Ce mot acheva de dissiper les hésitations de Noriac.

Dix minutes après, arrivée de Gautier: présentations; on se met à table.

—Au fait, dit Gautier brusquement, il vient de m'en arriver une bonne! Figurez-vou s qu'il y a huit jours, je suis éveillé à six heures par un coup de sonnette effroyable. Furieux, je saute de mon lit, je cours ouvrir, je trouve le facteur!

—Une lettre chargée, dit Houssaye.

—C'est la première idée qui me vient, et, naturellement ça me calme un peu. Je prends le pli, et qu'est-ce que je vois? Une grande imbécile d'enveloppe, bête comme une oie, portant pour toute adresse: «A Théophile Gautier, auteur d'Albertus!» Vous pensez ma stupéfaction. «Ah ça, dis-je à l'homme des postes, comment savez-vous que cela est pour moi? Vous êtes donc un facteur littéraire?» Cet animal me répond: "Oui!" Ce que je l'ai flanqué dans l'escalier, lui et sa lettre, je n'ai pas besoin de vous le dire! Quant à l'auteur de cette inepte flatterie, je l'engage à ne jamais se déclarer. Peut-on voir une brute pareille!

Noriac ne se déclara pas.

VII

Les auteurs du *Train de Plaisir*, qui vient d'être représenté au théâtre du Palais-Royal, nous initient à l'étrange situation du directeur de la prison de Monaco, auquel, par le plus grand des hasards, des prisonniers tombent sur les bras, et qui veut les faire évader, bon gré mal gré, à cause de son traité qui l'obligerait à les nourrir.

Cette fantaisie est beaucoup moins invraisemblable qu'elle en a l'air: à preuve l'historiette suivante, dont –si mes souvenirs ne me trompent– je dois la primeur à Aurélien Scholl, et qu'on ne m'en voudra pas trop de rééditer aujourd'hui.

*

Monaco, comme nul ne l'ignore, est non seulement une petite ville très charmante, mais encore une petite ville très complète. Il suffit de chercher un peu pour y trouver un souverain qui passe son existence à jouer du piano; une vingtaine de gendarmes qui n'ont été créés et mis au monde que pour concourir à l'embel lissement de la principauté par la blancheur de leurs buffleteries; un Palais de Justice où l'on n'entre plus depuis longtemps, parce qu'on en a perdu la clef, et, enfin, une maison d'arrêt n'ayant jamais donné asile qu'à l'honnête homme qui en est le directeur.

Quand je dis jamais, je me trompe; il y a eu une exception.

Voici en effet ce qui se passa vers 1873 ou 1874, je ne me rappelle plus au juste.

En ce temps-là, un monégasque, convaincu de triple assassinat, fut appréhendé au collet et jeté sur la paille des cachots par les vingt gendarmes du pays qui se légueront de père en fils le souvenir de cet acte de vigueur. La justice fut naturellement saisie de l'affaire et les juges se remirent à potasser leur Droit qu'ils avaient complètement oublié depuis des temps immémoriaux. Les résultats de toutes ces peines ne porta pas bonheur au coupable, qui, après six mois d'instruction, six semaines de débats et six jours de délibérations secrètes en la chambre du conseil, fut condamné, comme c'était de bonne justice, a avoir la tête tranchée.

Et allez donc!

On le refourra dans son cachot, et on avisa au moyen de mettre à exécution une sentence sévère mais juste.

*

Toute complète que puisse être la principauté de Monaco, il lui manque encore bien des choses, et, entr'autres, une guillotine.

En faire construire une tout exprès pour une circonstance qui, vraisemblablement, ne se renouvellerait jamais, ça parut un peu excessif, On eut donc l'idée d'en louer une à un voisin, et le prince de Monaco, cessant un moment de jouer des quadrilles, écrivit au roi d'Italie cette épître, dont je ne garantis pas absolument les termes:

"*Mon cher confrère,*

" *Si vous avez une guillotine et si, en ce moment, vous ne vous en servez pas pour votre usage personnel, vous seriez bien aimable de me la prêter cinq minutes.*

" *J'ai au nombre de mes sujets une espèce de fumiste dont j'ai hâte d'être débarrassé, et je compte sur votre complaisance pour me mettre à même d'en finir avec lui dans le plus bref délai possible.*

" Tous mes remerciements, et mille choses à madame. " PRINCE DE MO-NACO."

A quoi le roi d'Italie répondit courrier par courrier:

"Mon cher confrère,

" J'ai en effet une guillotine à votre disposition. Je me ferai donc un vrai plaisir de vous la prêter.

" Ça ne vous coûtera que quatorze mille francs, vu que cette année le suif n'est pas très cher.

" Amitiés. " Roi D'ITALIE. "

Si bon marché que ce fût, c'était encore trop lourd pour la principauté de Monaco qui a des principes d'économie, ayant été élevée par une mère prudente. On se retourna donc du côté de la France qui demanda d'abord douze mille francs et, après divers pourparlers, consentit à rabattre trente sous. Le prince offrit de transiger pour vingt-sept francs, mais voyant son offre repoussée, il prit le parti de commuer la peine du coupable en celle de la détention perpétuelle.

*

Ledit coupable vécut quelques semaines, occupé seulement à bailler, à manger, à boire, à dormir, à .jouer au piquet avec son gardien, et ainsi jusqu'au jour où celui-ci, ayant eu une visite à faire et ne lui ayant point apporté son repas, il se vit obligé de faire sauter sa serrure avec la pointe de son couteau et d'aller dîner à l'hôtel. Le hasard voulut qu'il se trouvât placé à table près du procureur général.

—Que diable faites-vous là? demanda ce magistrat avec une certaine surprise.

—Mon cher, dit l'autre, c'est un peu raide, on me flanque un geolier qui va voir des femmes au lieu de m'apporter à manger.

—Pas possible, dit le procureur.

—C'est comme j'ai l'honneur de vous le dire. Alors. ma foi, j'ai pris la permission de filer. Je ne peux pourtant pas crever de faim.

—Tout ça, c'est très gentil, reprit le procureur général, mais on ne vous a pas condamné à la détention perpétuelle pour que vous alliez dîner au restaurant. Vous allez me faire le plaisir de rentrer dès que vous aurez pris votre café.

—Soyez tranquille c'était mon intention.

Il rentra, en effet, et il se renferma entre ses quamurs, non sans s'être verrouillé avec soin, en dedans.

Et dès le lendemain, le gardien ne voyant plus aucune raison pour se gêner, ne crut plus devoir se déranger. Et il cessa complètement de se rendre à la prison, si ce n'est une fois par hasard, pour faire une partie de piquet. Je dois dire, pour son excuse, que le prisonnier usait de sa liberté avec une extrême discrétion, qu'il allait fort peu au théâtre, et ne se permettait de découcher qu'à de très rares intervalles.

*

Cet état de choses continuerait encore, si un beau jour le prince de Monaco n'eût jugé à propos d'intervenir et de mettre des bâtons dans les roues.

D'une part, en effet, un emprisonnement accompli dans de telles conditions, jetait le ridicule sur la principauté, et, d'autre part, l'entretien du détenu grévait terriblement le budget. Il fallut trouver un moyen, et c'est alors qu'on imagina de recommuer la peine de détention perpétuelle qui avait frappé le prisonnier en celle du bannissement à perpétuité.

—Mais on avait compté sans le prisonnier lui-même qui, à cette nouvelle, jeta des cris de paon.

—Se moque-t-on de moi, demanda-t-il, et me prenez-vous pour un pantin? Vous vous imaginez comme ça que je vais aller planter mes choux dans un pays où je ne connais personne! Et mes moyens d'existence; où sont-ils? Pas de ça, Lisette je n'accepte pas ce marché. Bien que j'aie droit à la guillotine, je veux bien ne pas me faire plus méchant que je ne suis, et me contenter de la détention perpétuelle; mais quant à me faire respirer une atmosphère qui n'est pas la mienne, ce n'est même pas la peine d'y songer, ou alors... quinze cents francs de rente.

Quinze cents francs de rente! On se récria, on entra, mais vainement, dans des considérations variées, on tenta une transaction qui ne prit pas et, pour en finir, on céda.

Et depuis lors, l'ancien prisonnier de Monaco vit tranquillement et en honnête homme du côté de Cannes ou d'Antibes, où il se tient à la disposition de tous ceux qui voudraient voir dans cette histoire le moindre écart à la vérité.

VIII

Les belles journées que nous avons eues la semaine dernière m'ayant mis en humeur de villégiature, je suis allé passer toute une après-midi sur les rivages de Bougival, et j'y ai vu, entre autres choses, une maison en construction.

Jusqu'ici, ça n'a rien de très extraordinaire.

Un peu de patience, ça va venir.

Cette maison, située au bord même de l'eau, juste en face de la Grenouillère, et en vue de la nouvelle machine de Marly, me parut, autant que j'en pus juger sur son état d'avancement, d'une élégance modeste mais de bon goût, et une curiosité me prit de connaître son propriétaire. Je m'approchai donc d'un des ouvriers et poliment je lui demandai, comme dans les contes de fées:

—Mon ami, quel est le maître de ce beau château?

A cette question, l'homme auquel je venais de m'adresser échangea avec un de ses compagnons un coup d'œil d'intelligence; puis à demi-voix, confidentiellement, avec un sourire mystérieux, il me dit:

—Chut! c'est une surprise!

Après quoi il grimpa le long d'une corde à nœuds, monta à cheval sur une cheminée et se mit à hurler de toutes ses forces:

—Une truellée au s âââââ!!!!

*

Je restai littéralement abasourdi! Que pouvait être cette surprise? Ma première pensée fut, je ne le cache pas, que c'était sans doute pour ma fête, et je consultai anxieusement mon petit calendrier de poche, qui m'apprit qu'elle était passée depuis huit jours. Je tombai donc du haut de mes illusions; j'en tombai même avec une telle violence, que je m'enfonçai une côte et que je me cassai trois dents.

C'est tout ce que j'ai eu pour ma fête cette année.

*

Voulant pourtant en avoir le cœur net, je parcourus, les unes après les autres, toutes les rues de Bougival en frappant à toutes les portes.

Qu'on juge de mon étonnement: partout la même ignorance sur le compte de la mystérieuse maison.

Comme moi-même, les habitants de Bougival avaient senti s'éveiller dans leurs âmes une légitime curiosité; comme moi-même, ils avaient questionné-les maçons; et comme moi-même, ils n'avaient attrapé, en fait de révélations, que des réponses nulles, des sourires discrets, et du plâtre à leurs pantalons.

Naturellement, au bout d'un certain temps, ces braves gens s'étaient lassés de passer leur vie à se brosser, et ils avaient éteint leur curiosité avec le mot: " Au surplus, je m'en fiche,» qui est le résumé de toutes les philosophies.

*

Mais moi je ne suis pas philosophe, et pour rien au monde je ne me serais borné à un si piètre résultat. J'eus donc l'idée de m'adresser à une de ces sales crapules que nous signalons tous les jours à la méfiance du public sous la rubrique: Les Agents d'affaires, et qui, moyennant finances, se tiennent à ladisposition des amateurs sous la forme d'une encyclopédie malpropre mais universelle.

Dame, ça m'a coûté bon. Je vous déclare, la main sur la conscience, que je n'en ai pas été quitte pour moins de trois francs cinquante; vous me croirez si vous voulez. Mais ça m'est complètement égal, et je me console de bon cœur d'un sacrifice évidemment très lourd, mais grâce auquel je puis aujourd'hui fournir aux lecteurs des *Petites Nouvelles* un renseignement précieux et précis et comparable au tombeau de Bossuet dans la cathédrale de Meaux, en ce sens qu'on ne le trouvera nulle part ailleurs.

*

La petite maison en construction sur les rives de Bougival, en face de la Grenouillère et à proximité de Marly, est purement et simplement destinée à Sa Sainteté Léon XIII, successeur de Pie IX au trône pontifical.

Le pape, comme nul ne l'ignore, fatigué depuis longtemps des difficultés sans nombre qui lui sont suscitées partout, excédé des luttes politiques auxquelles il est obligé de prendre part et que son grand âge ne lui permet pas de supporter, avait, depuis longtemps déjà, projeté de passer la main et d'abandonner le Vatican. Il y a été brusquement décidé en apprenant par un journal du matin que les enfants de chœur venaient de se mettre en grève.

Et c'est ainsi que, loin des dissensions, le Saint-Père va se réfugier dans le calme réconfortant de la banlieue parisienne, où il compte se remettre de ses anciennes fatigues par les tranquilles plaisirs de la pêche à ligne.

Dieu, qui ne veut pas la mort du pêcheur, prêtera certainement longue vie à Léon XIII.

C'est là tout le mal que je souhaite à ce vénérable vieillards

IX

On s'est mis depuis quelques années, dans le monde du journalisme, à user du coup de fleuret avec une véritable indiscrétion.

A l'heure qu'il est un M. de Brossadroite quelconque ne peut imprimer dans le journal: "Notre confrère M. de Brossagauche a le plus grand tort de prétendre que les écrevisses du Rhin ont joué un rôle considérable dans l'histoire de la civilisation au XIXe siècle" sans s'exposer à recevoir, d'icelui M. de Brossagauche, une paire de témoins vêtus de noir et coiffés de chapeaux que, pour la circonstance, ils ont régalés d'un coup de fer.

Le duel est devenu peu à peu un des échelons de la popularité et je connais nombre de gens d'esprit qui n'en ont jamais tant montré que le jour où ils ont étouffé leur médiocrité désolante dans le tapage retentissant d'une rencontre.

Je ne veux pas faire de personnalité; c'est pourquoi je dirai que si M. Sarcey n'eût une fois croisé le fer avec M. Aurélien Scholl et n'eût fait preuve, en cette circonstance, d'une paire de bretelles brodées qui révolutionna Paris pendant huit jours, il ne serait peut-être pas, actuellement, en mesure de faire mousser M. Hennequin, au détriment de l'école Parnassienne.

Cette surabondance de bravoure s'explique d'autant mieux que les affaires d'honneur ne sont, neuf fois sur dix, que de simples prétextes à des indigestions de langouste. Il ne faut donc pas nous attendre à en voir diminuer le nombre, malgré la loi qui assimile le duel à la tentative de meurtre; loi essentiellement précieuse, puisqu'on n'a jamais fait autre chose que tourner autour, comme tournent les chevaux de bois autour de leur pivot.

*

Un des messieurs auxquels nous donnons de notre poche une somme de 9,000 fr. par an, uniquement pour qu'ils puissent voyager à l'œil dans les wagons de première classe, a pensé que c'était peu sérieux et qu'il fallait trouver autre chose. Il a donc proposé le rétablissement du duel, mais seulement dans certains cas dont la gravité serait soumise à l'appréciation d'un jury d'officiers.

Si je comprends bien ce projet, un colonel et deux chefs d'escadron auront le devoir de prendre place derrière une espèce de comptoir, comme dit le témoin Giblou, et de se prononcer sur des questions de ce genre:

PREMIÈRE QUESTION

"Messieurs, j'ai reçu hier matin un coup de pied au c.... afé de Suède, à la suite d'une discussion politique. Comme ce coup de pied m'a enlevé instantanément, non seulement ce que vous pensez, mais encore toute envie d'en recevoir un second, je n'ai pas cru devoir répliquer. Je soumets le cas à votre haute justice et sollicite la faveur de pouvoir laver dans le sang une injure aussi salissante pour ma dignité que pour mon pantalon. "

DEUXIÈME QUESTION

"Messieurs, j'ai reçu, hier soir, au Cafédes Variétés, une calotte dont le bruit a réveillé tout Vaugirard. Ne sachant que faire d'une giffle dont je n'avais pas le placement, je l'ai immédiatement rendue à l'homme généreux qui me l'avait donnée. Mais comme nous sommes l'un et l'autre hommes d'honneur, nous ne nous sommes pas donné quittance, et nous serions franchement heureux que vous nous autorisassiez à aller tous les deux manger de la tête de veau dans un petit cabaret du Pecq.

TROISIÈME QUESTION

Messieurs, ayant, ces jours derniers, pris une culotte mémorable à mon cercle (le cercle des Pets-de-Nonne), j'ai éprouvé le besoin, en rentrant, d'aller me retremper un peu dans les joies licites du ménage. J'ai donc discrètement frappé à la chambre à coucher de ma femme. Jugez, messieurs, de ma stupéfaction quand la porte m'en fut ouverte par mon meilleur ami, M. de Boisflotté, lequel se présenta en chemise, et, sous prétexte de légitime défense, m'administra une de ces raclées qui font époque dans l'existence d'un galant homme. Je n'ai pas besoin de vous dire que je vous serais reconnaissant, si vous vouliez bien me permettre de m'aller faire perforer les intestins par ce méprisable personnage. C'est bien le moins que je lui doive.

*

Eh bien, franchement, je ne saisis pas bien, en y regardant de près, et même de loin, le côté réellement sérieux de cette trouvaille qui n'est, d'ailleurs, qu'un simple retour à l'ancien tribunal des maréchaux, aboli par la Révolution.

Ou je me trompe fort, en effet, ou on y regardera à deux fois avant que de donner à une giffle plus de bruit qu'elle n'en aura fait par elle-même. Quant aux gens qui auront le petit désagrément de se voir reçus sur le seuil du sanctuaire matrimonial par des camarades en chemise, je ne saisis pas l'intérêt qu'ils trouveront à initier à cette mésaventure des officiers de cavalerie.

Alors, quoi?

Eh, mon Dieu! une chose bien simple; laisser omber en désuétude une loi qui pouvait avoir sa raion d'être sous le cardinal de Richelieu, mais qui aujourd'hui ne s'explique plus.

Qu'on laisse les gens s'entretuer, puisque ça leur fait tant de plaisir, et qu'en fin de compte, les trois quarts et demi du temps, cela ne fait de mal à personne.

X

C'est toujours un tort de prêter sa chambre. La Fontaine, qui le savait très bien parce qu'il avait demeuré toute sa vie chez les autres, a composé là-dessus une fable intitulée: *la Chienne en gésine*.

Il est possible que l'hospitalité ne se vende jamais à celui qui la reçoit, mais elle coûte toujours à celui la donne, et Mlle Duparc, de la *Scala*, vient d'en faire la triste expérience.

Voici l'histoire en détail:

Cette jeune et charmante artiste, prise de pitié pour une de ses camarades de concert, Mlle Lina Chardy, que la direction, faute de place, avait été contrainte de loger sous les toits, conçut un jour la malheureuse idée de lui offrir le partage de sa loge. Mlle Lina Chardy accepta avec empressement et se confondit en actions de grâce.

—Il n'y a pas de quoi, dit Mlle Duparc; seulement, ma chère amie, je vous préviens d'une chose: la princesse Pignatelli sera peut-être des nôtres un de ces jours, et je serai alors forcée de vous mettre à la porte pour lui faire cadeau de votre place. A tout seigneur, tout honneur.

—Comment donc! dit l'autre, c'est trop juste.

Il arriva ce qui devait arriver, à savoir que le jour où Mlle Chardy dut opérer son déménagement et remonter à son sixième étage, comme on l'en avait prévenue, elle s'écria:—Ah! c'est comme ça! on veut me la faire à l'aristocratie! Eh bien, c'est ce que nous allons voir!,, Et elle voua une haine féroce à Mlle Duparc.

Juste récompense des services rendus.

*

De ce jour, Mlle Duparc se vit en butte à une persécution en règle, et à laquelle Mme Chardy avait eu l'adresse d'associer, d'abord le chef d'orchestre de 'établissement, avec qui elle était au mieux, puis plusieurs petites demoiselles de maison, c'est-à-dire de la maison, qui avaient saisi avec joie cette excellente occasion d'obliger une camarade en en désobligeant une autre.

Quand elle chantait les *Ecrevisses* ou le *Bréviaire,* Il était rare qu'elle n'entendit pas dans la coulisse des appréciations de ce genre:

—Ah! voilà un *la* qui est faux.

—Voilà un *si* qui est douteux.

—Voilà un trille dont on ne donnerait pas quinze sous au Mont-de-Piété.

Quand, dans la Revue, elle se livrait à des scènes l'imitation, il était rare que son ouïe ne fût pas chatouillée de ces compliments flatteurs:

—C'est Judic, ça, ou Hyacinthe?

—Ah! Granier! C'est frappant! On jurerait Gil-Pérès.

—Diable! voilà une Théo qui n'est pas piquée des nannetons. Ça rappelle, à s'y méprendre, le cochon avant de l'Hippodrome.

Et cœtera, et cœtera.

Ce n'était pas grave pour deux sous; seulement, c'était agaçant, et il arriva un moment où Mlle Duparc, rouvant qu'elle en avait assez, acosta Mlle Chardy et lui dit entre quatre z'yeux:

—Ma chère Lina, tout cela est excessivement drôle, mais voilà trop longtemps que ça dure. Vous êtes une p... etite grue, et, si vous insistez, je vous la tiquerai ma main sur la figure,

Et là-dessus, immédiatement, avec cette logique qui distingue toutes les femmes, elle giffla la susdite Lina.

Disons tout: elle lui laboura la poitrine à coups d'ongles, malgré les lamentations de la malheureuse qui s'égosillait à crier:

—Ne touchez pas à ça! Ne touchez pas à ça! Ça n'est ni à vous ni pour vous!

Un témoin qui a pris la parole dans le procès dont a été suivie cette petite scène de famille, interrogé par le président sur la gravité des sévices, les a qualifiés comme suit:

—Oh! rien du tout; un soufflet de dame!

C'est possible, mais qu'est-ce que ça prouve.

Mlle Duparc, comme chacun le sait, est assez solidement taillée, et pour mon compte si j'avais le choix, j'aimerais mieux tomber dans ses bras que dans ses mains.

*

Toute cette histoire est, en somme, assez vulgaire, et nous avons vu mieux que ça dans *la Fille de Mme Angot*. Le seul personnage vraiment drôle de cette banale comédie, c'est sans conteste celui dont on a le moins parlé: le chef d'orchestre de la Scala.

Je ne connais pas, dans tout le théâtre contemporain, de type aussi complètement réussi que celui de cet individu qui, amoureux jusqu'à l'abrutissement, sacrifie tout à sa passion et en arrive à se servir de son ' bâton, comme Polichinelle du sien. Mlle Duparc attaque-t-elle en *la*, le chef d'orchestre attaque en si * attaque-t-elle en *ré bémol,* le voilà parti en fa dièse. L'artiste chante-t-elle en *quatre-six,* immédiatement il joue en six-huit, en trois-cinq, il joue en *cinq-sept*. Encore heureux quand il ne joue pas en *cinq-secs,* avec la première clarinette, sur la baraque du souffleur.

Avec cela il apporte des pièces dans ses poches, et dans le moment où le premier violon compte une, deux, trois, et part du pied gauche, il l'arrête net: «

—Bah! il n'y a pas besoin de vous. Tenez, lisez donc ça, c'est très réjouissant.

Le cor prend son élan et commence à gonfler ses joues:

—Laissez donc ça tranquille, dit le chef d'orchestre. Je vous ai apporté un amour de vaudeville; c'est à se rouler, ma parole d'honneur.

Et c'est si vrai que quand Mlle Duparc entre en scène, les trois quarts des musiciens sont occupés à se tenir les côtes.

Cette manière de conduire la musique est, on le voit, aussi nouvelle que cocasse, et ce fantoche fait mon bonheur.

On ne s'imagine pas, cependant, à quel point, si j'étais l'impressario de la Scala, je l'enverrais conduire les bœufs.

XI
LA NÉERLANDIDE
ou
LES STÉVENS ENNEMIS

SCÈNE PREMIÈRE

Le théâtre représente l'atelier de M. Agapit Stévens, le peintre universellement inconnu.

AGAPIT STÉVENS.

Oui, messieurs, c'est comme je vous le dis, j'ai un Alfred dans mon existence. J'ai beau me brosser et me passer à la benzine, c'est exactement comme si je chantais :

Alfred fait de l'aquarelle,
Tant mieux pour elle.
Moi je fais mauvais, tant pis
Pour Agapit.

Il m'est devenu impossible de mettre le pied dehors sans me flanquer le nez contre cet homonyme. C'est au point que je n'ose même plus aller dans le monde où il est rare que je ne sois pas accueilli par des compliments de ce genre:

"–Ainsi, c'est à l'illustre artiste Alfred Stévens que j'ai l'avantage de parler?

"–Agapit, monsieur, Agapit.

"–Agapit Stévens? J'apprends avec joie une existence que je ne soupçonnais même pas. "

Ah! plaie de ma vie, cauchemard de mes nuits et de mes jours, va, tu ne périras que de ma main! Ça t'apprendra à me mettre des bâtons dans les roues en m'empêchant de peindre des poireaux avec une vigueur et un sentiment... que je suis le premier à reconnaître!

LE CHŒUR

Quoi, deux Stévens! C'est extraordinaire!
Mais l'un des deux est de trop sur la terre.
Pour Agapit jurons de nous unir,
Jurons, jurons de vaincre ou de mourir.
(*Ils étendent les mains. Changement à vue.*)

SCÈNE II

Le théâtre représente l'atelier d'Alfred Stévens.

ALFRED STÉVENS

Un barbouilleur, un peintre en bâtiments, un être indélicat qui profite d'une similitude de noms pour se faire sa place au soleil et me faire endosser de petites ordures qui ont leur lieu d'exposition tout trouvé dans les boites de M. Poubelle! A chaque instant on me demande pourquoi diable je me mets à peindre des poireaux! L'autre jour, on a vu une toile signée Stévens chez un marchand de ferrailles de la foire aux jambons!

Et vous croyez que c'est une existence!

Je vous le dis, cet homme-là me rendra fou: il faudra que je le tue, il faudra que je le tue!

LE CHŒUR

Quoi, deux Stévens, la chose est forte!
Alfred en pâlit de dépit.
Mettons Agapit à là porte,
Mettons à la porte Agapit!

SCÈNE III

L'atelier d'Agapit Stévens. On frappe. Entre un monsieur vêtu de noir. Cravate blanche, redingote sévère mais juste.

LE VISITEUR

Monsieur A. Stévens, s'il vous plaît?

AGAPIT STÉVENS

A. Stévens? C'est moi-même.

LE VISITEUR

Monsieur, j'ai le plaisir de vous faire savoir que le gouvernement de la Hollande, rendant justice à vos mérites, vient de vous décerner la croix du Lion Néerlandais. Débarrassez-moi de ce petit paquet.

AGAPIT STÉVENS (*le débarrassant*).

Monsieur, cette distinction sera le plus beau jour de ma vie. (*Il se pare de sa décoration.*)

LE CHŒUR

Juste retour des choses d'ici bas!
Agitant sa fauve crinière, '
Un Lion Hollandais pend à sa boutonnière!

AGAPIT STÉVENS

Mon vieil habit ne nous séparons pas.

SCÈNE IV

L'atelier d'Alfred Stévens

ALFRED STÉVENS

Il est tout de même surprenant que je n'aie pas encore reçu la nouvelle décoration qui vient de m'être décernée.

LE CHŒUR

Que dit-il! A cette parole
Notre cœur se sent tout ému.
Alfred aurait-il obtenu
La croix du Mérite agricole!

ALFRED STÉVENS

Non messieurs, et loin de moi la pensée de m'en croire digne, Sachez seulement que S. M. le roi de Hollande a bien voulu me nommer chevalier de l'ordre du Lion-Néerlandais.

LE CHŒUR

Célébrons, célébrons, cette heureuse journée,
Bénissons le calendrier,
Et saluons d'Alfred la tête couronnée
D'un nouveau, d'un nouveau laurier!

ALFRED STÉVENS (*parcourant un journal*)

Ah! Ciel, que lis-je? (*Il lit*) «Par suite d'une méprise regrettable due à une coïncidence de noms, la croix du Lion-Néerlandais, qui venait d'être accordée à M. Alfred Stévens, le peintre bien connu, a été remise à M. Agapit Stévens ". (*Il jette le journal avec fureur.*) Cet homme là me fera mourir, cet homme-là me fera mourir!

LE CHŒUR

Fatale erreur!
Ah! notre horreur
Emplit nos cœurs d'une bouillante flamme!
Courons chez Agapit réparer le malheur;
Il rendra le brevet, ou l'âme!

SCÈNE V

L'atelier d'Agapit Stévens.–On frappe.–Entre le monsieur de la Scène III

AGAPIT STÉVENS

Soyez le bienvenu, monsieur. Vous m'apportez sans doute une nouvelle décoration?

LE VISITEUR (*avec un certain embarras*).

Mon Dieu non, monsieur, je viens même m'acquitter d'une mission assez pénible. La croix du Lion Néerlandais que vous faites à S.M. le roi de Hollande l'honneur de porter en ce moment, appartient de droit à M. Stévens, et elle ne vous a été remise, monsieur, que par erreur, par pure erreur.

AGAPIT STÉVENS

Je suis M. Stévens. monsieur.

LE VISITEUR

Agapit, monsieur, Agapit.

AGAPIT STÉVENS

Vous n'avez pas besoin de me le rappeler, monsieur, ça n'est pas si drôle pour moi. Quant à cette décoration, vous pouvez être tranquille, on ne-l'aura qu'avec ma redingote. Je l'ai, je la garde, et vous me prendriez vous-même pour le dernier des imbéciles si je ne profitais d'une occasion qui ne se retrouvera probablement jamais.

LE VISITEUR

Cependant...

AGAPIT STÉVENS

Il ose répliquer! (*Il pousse avec violence le visiteur qui tombe à la renverse. On entend le crâne du malheureux frapper successivement les cent cinquante-sept marches de l'escalier*)...

LE CHŒUR

Noble colère!
En cette affaire
Associons-nous
A son courroux.

APOTHÉOSE

Le théâtre représente le Paradis. Au premier plan, Napoléon, à cheval, observe la Terre avec sa lorgnette

NAPOLÉON (*au général Bertrand*)

Qu'est-ce que cet individu que je vois là-bas parmi les peintres?

LE GÉNÉRAL BERTRAND

Je ne sais pas, Sire; je vais demander. (*Il demande à un colonel, qui demande à un commandant, lequel demande à un capitaine, etc., etc.*).
LE GÉNÉRAL BERTRAND (*trois heures et demie après*).
Sire, c'est un marchand de peau de lapins qui a permuté.

NAPOLÉON (*qui n'y est plus*)

Hein? Quoi? Qu'on le décore!

XII

Le roi de France Louis XIX vient de rentrer triomphalement dans sa bonne ville de Paris sous le facies de Louis Naundorf. La grande cité s'était, pour la circonstance, pavoisée sur toutes les coutures d'affiches du feuilleton J'ai faim, d'écriteaux de logements à louer, etc., etc.; et la gare du Nord particulièrement, dont le cadran lumineux marquait l'heure avec un éclat inaccoutumé, présentait un coup d'œil féerique.

Ces témoignages d'une allégresse non équivoque ont dû être bien doux au cœur du souverain.

*

A onze heures cinquante minutes du soir, les portes de la salle d'attente se sont ouvertes dans un grand fracas de vitres cassées; un homme d'équipe, d'une beauté merveilleuse et tenant sa casquette à la main, s'est avancé et, d'une voix grave, a dit ces mots:

–Le roi, messieurs!

Et Louis XIX est apparu, calme et souriant

On ne peut se faire aucune idée de l'enthousiasme qui accueillit l'entrée de ce bon prince. Onze messieurs, qui n'attendaient que ça, se précipitèrent au devant de lui, lui enlevèrent de force ses chaussures et couvrirent ses pieds de baisers. Au seul souvenir de ce touchant spectacle, le narrateur essuie furtivement une larme.

Puis, le prince est monté en fiacre et il s'est fait conduire à l'hôtel du Lapin qu'on pose où les onze messieurs ci-dessus mentionnés sont venus le lendemain matin, comme l'ont annoncé les journaux, couvrir sa main de nouveaux baisers.

Si les choses continuent de ce train, on est en droit de se demander ce que l'avenir nous ménage et ce que les amis de Naundorf lui embrasseront la semaine prochaine.

Mais n'anticipons pas sur les événements.

*

D ailleurs, nous n'avons pas fini de rire.

Dans quelques jours, le prince Louis Naundorf, petit-fils de Louis XVII mort au Temple à l'âge de dix ans, se présentera devant le tribunal civil de la Seine, et il tiendra, à quelques détails près, la petite allocution suivante:

"Messieurs,

" Il faudrait pourtant en finir avec cette plaisanterie qui n'a que trop duré.

" Vous avez un trône à moi depuis je ne sais combien de temps; c'est un meuble auquel je tiens beaucoup, parce qu'il me vient de ma famille, et je vous prie très sérieusement de me le restituer.

" Mon père est venu, il y a une douzaine d'années, procurer à M. Jules Favre l'occasion de perdre un procès de plus. Je voudrais bien, si c'est dans les choses possibles, ne pas remporter à mon tour, une veste dont je me passerais très bien à la rigueur, je vous prie de le croire.

" Du reste, je ne comprends pas pourquoi vous tenez tant à me priver de mon trône, puis qu'en fin de compte vous ne vous en servez pas.

" Rendez-moi mon fauteuil, s'il vous plaît, messieurs voulez-vous me le rendre."

A quoi le tribunal répondra, dans sa haute sagesse :

"Monsieur,

" Une mesure administrative que vous serez le premier à apprécier, sauvegarde la liberté des fous tant qu'elle n'est point menaçante pour la société.

" Nous vous engageons donc, dans votre propre intérêt, à ne mordre personne dans la rue."

Et le petit-fils de Louis XVII, qui n'est pas venu à Paris pour autre chose, reprendra aussitôt la route de son pays, toujours suivi des onze messieurs qui lui feront la conduite jusqu'à l'embarcadère et le mettront dans le wagon en lui recommandant de prendre des précautions contre la fraîcheur de la nuit.

Dans dix, quinze, vingt ans, plus ou moins, un autre Naundorf reviendra s'assurer auprès de la justice française s'il n'a pas dégénéré au point de vue du ramollissement des facultés intellectuelles.

Et ce sera comme ça tant que le monde sera monde.

Quand je vous le disais que nous n'avions pas fini de rire.

*

Toute plaisanterie à part, il m'est impossible de comprendre l'intérêt, que peut prendre une respectable famille à venir se faire blaguer une fois de temps en temps.

Se déranger tout exprès pour ça, on avouera que c'est au moins étrange.

L'idée fixe qui hante les Naundorf de père en fils me surpasse d'autant plus que–j'ignore si tout le monde partage cette manière de voir–

j'éprouverais une véritable répugnance à me voir embrasser, sur différentes parties du corps, par des gens que je ne connaîtrais pas.

XIII

La semaine a été marquée par un événement extrêmement heureux. M. Georges Millet, notre rédacteur en chef, a été attaqué au milieu de la nuit, sur le boulevard Barbès, et a reçu en pleine poitrine un coup de tête qui l'a envoyé rouler à quinze pas de là. Relevé aussitôt, M. Millet a imploré le secours d'un honnête gardien de la paix, et il en a reçu la réponse suivante:

" Il faut vraiment que vous ayez la rage de dire quelque chose! Comment, voilà un brave garçon qui vous aurait, s'il l'eut voulu, réduit en poudre avec autant de facilité que si vous eussiez été une simple sardine, et qui se borne à. vous masser les pectoraux dans un but purement hygiénique, et vous avez le toupet de réclamer! Par exemple, c'est un peu raide. Mais, mon cher monsieur, non seulement vous n'avez pas l'ombre d'une raison pour vous plaindre, mais vous pouvez même vous vanter d'avoir eu une belle petite veine! Vous pouvez m'en croire sur parole. Au surplus, vous savez, si vous y tenez beaucoup, je ne vois pas d'inconvénient sérieux à ce que-nous tentions quelques recherches."

*

Inutile de vous dire, n'est-ce pas, que M. Georges Millet s'y refusa formellement. Même, convaincu qu'il avait été l'objet d'une faveur exceptionnelle, il passa le reste de la nuit à battre les rues avoisinantes, dans l'espérance de retrouver son bienfaiteur et de lui offrir des billets de concert. Mais celui-ci, aussi modeste que généreux, s'était silencieusement dérobé à sa reconnaissance. On ne le retrouva que deux heures plus tard, en train de se créer de nouveaux titres à la sympathie d'un attardé.

Tout de même, M. Georges Millet a été bien heureux, en cette circonstance, de n'avoir pas, dans la bagarre, perdu cette chose précieuse qui s'appelle la respiration, et par suite, de n'avoir pas eu à la rechercher pendant toute la journée de la mi-carême.

*

C'eût été d'autant plus fâcheux pour cet aimable garçon, que la fête a été superbe.

Divers négociants de Paris en ont naturellement profité pour se payer de la réclame et promener à travers les rues une foule d'objets mobiliers, tels que buffets, armoires à glace, tables de nuit et jusqu'à des chambres à coucher tout entières; toutes choses qui, en fin de compte, n'étaient pas plus vilaines que d'autres.

En ce qui me concerne, j'aime presque autant cela; au moins ça ne touche pas ma sensibilité et j'avoue que je ne puis regarder sans émotion ces malheureuses reines de lavoir, aux trois quart nues par 2 degrés de chaleur et dont je devine les jambes bleues sous le tissu des maillots roses.

*

A part cela, je le répète, la Mi-Carême a été splendide de tous points; j'en fais appel à la bonne foi de tous ceux qui ont attrappé des maux de têtes par suite de fioritures variées exécutées sur cor de chasse.

Le cor de chasse est un instrument délicieux; comme nul, du reste, ne l'ignore, il est à cent mille pieds au-dessus du cri-cri.

Il y a trois manières d'en jouer: la première, c'est d'en jouer bien, la deuxième c'est d'en jouer mal et la troisième c'est de n'en pas jouer du tout. Cette dernière est même la plus généralement appréciée des personnes—et elles sont nombreuses—qui avoisinent les établissements de marchands de vin et pour lesquelles la nuit de la Mi-Carême n'est qu'un long et cruel martyre.

Car le cor de chasse a cela de bon que, s'il est triste au fond des bois, comme l'affirme Alfred de Vigny, Use brne à être rasant aux entre-sols des marchands de vin.

Un garçon coiffeur qui se pique d'esprit comme tous les garçons coiffeurs, me faisait observer un jour qu'il était inutile d'avoir un habit rouge, une casquette ronde et une culotte de peau pour bien jouer du cor de chasse, attendu qu'une culotte de peau et ce qu'elle contient généralement, n'ont rien à voir avec le traditionnel coup de langue. Je me bornai à hausser les épaules, comme je le fais devant toutes ces plaisanteries faciles.

C'est vous dire que pour rien au monde je ne me déciderais à lire mes articles.

Je connais, en effet, et je vais vous la conter, une petite histoire assez réjouissante et où le contenu d'une culotte ordinaire est associé de la manière la plus heureuse à un solo de cor de chasse.

C'est un peu gros, mais ça pourra passer tout de même, dans une semaine de Mi-Carême.

*

Le vieux vaudevilliste Brunswick, passant une fois la soirée chez je ne sais lequel de ses confrères et commençant à trouver le temps long, fit le pari qu'il montrerait aux dames, sans soulever la moindre protestation, ce qu'on ne montra jamais qu'aux apothicaires de Molière. Naturellement le pari fut tenu.

Brunswick passa alors dans une pièce voisine, enleva son inexprimable, etc., ainsi allégé, s'orna le faciés d'un énorme nez en carton, du plus bel effet, j'ose le dire, tandis qu'Horace Vernet, mis dans la confidence, lui peignait gravement sur les... joues des yeux farouches surmontés de noirs sourcils. Cette peinture terminée, (on la chercherait vainement dans les galeries du musée de Versailles), le vaudevilliste se courba, se fit poser sur la chute des reins un vaste turban de mahométan, et enfourcha, en quelque sorte, un cor de chasse, dont le pavillon devait faire face aux spectateurs. Après quoi, la lampe baissée et noyé de façon indistincte dans un demi-jour mystérieux, il donna l'ordre d'introduire.

Les invités, dames comprises, avertis de la présence d'un monstre dans la maison et remerciant l'emphitryon de cette surprise inattendue, commencèrent donc à défiler, et ce fut pendant vingt minutes un concert d'exclamations et de cris d'effroi devant ce nain épouvantable, dont l'incompréhensible structure déroutait les plus clairvoyants, et qui, sans relâche, pendant ce temps, multipliait les sonneries de cor de chasse, l' *Hallali,* la *Curée,* le *Réveil,* sans oublier le motif bien connu .

La bête est à .. dos,
Les chiens l'ont cernée.

Cette extraordinaire exhibition a laissé des souvenirs vivaces en les âmes de tous ceux qui en eurent leur part, et je déplore, non sans amertume, d'être forcé d'enlever à leurs illusions les derniers survivants de cette vaste mascarade.

*

C'est également à cor... et à cri qu'on demande aux quatre coins de la France des nouvelles de M. Benoit.

M. Benoit, député de l'Hérault, a, depuis quelques jours, disparu de la circulation dans des circonstances extrêmement mystérieuses: il est descendu de chez lui sous le prétexte futile d'aller acheter du tabac, et depuis lors, on ne l'a plus revu. Peut-être a-t-il suivi un régiment qui passait, comme ce gamin que sa mère envoya chercher quatre sous de lait, et qui, empoigné par le charme d'une musique militaire, suivit le régiment d'étapes en étapes, en sorte qu'il ne revint que dix-sept ans plus tard, avec de la barbe au menton et sa boîte au lait à la main.

En tous cas, le concierge de M. Benoit est dans une inquiétude mortelle et à laquelle je m'associe de tout mon cœur.

Le plus bizarre, c'est que l'honorable député est devenu du même coup l'homme le plus rare et le plus encombrant que la terre ait jamais porté. Il est chaque matin signalé comme ayant été rencontré le même jour et à la même heure sur les points les plus éloignés du globe: au Kamtchatka et à Poissy, à Grenoble et à San-Francisco, à Berg-op-Zoom et rue aux Ours. On a même été jusqu'à dire que, retenu par un rhume de cerveau, il n'aurait pas bougé de chez lui depuis huit jours.

C'est, entre nous, ce que je suis le plus porté à croire.

XIV

Paris est, depuis quelques semaines, le théâtre d'événements considérables.

Tous les samedis, M. Louis Ulbach passe son grand sabre à la gourmette, endosse l'armure à visière baissée de Jean de Sainte-Périne, et, ainsi accoutré, se rend au journal le *Gil Blas* où il se livre à diverses divagations sur les poètes et sur la poésie.

Cette plaisanterie dure deux colonnes; après quoi, le lecteur effaré se demande avec stupeur pourquoi on fait un crime aux vaches espagnoles de ne pas parler le français assez correctement.

Le fait est que je n'en sais rien.

N'allez pas croire que M. Louis Ulbach n'aime pas la poésie. Grand Dieu, en voilà une idée! Ne vous avisez pas d'aller lui dire ça, car il vous en voudrait à mort. Il a, au contraire, pour elle un faible tout particulier, à telle enseigne qu'hier encore, dans le *Gil Blas*, il insinuait que Victor Hugo et Alphonse de Lamartine étaient des gens de beaucoup de talent.

Etes-vous suffisamment édifiés?

Disons tout: M. Louis Ulbach a des manières de voir spéciales. Ainsi que je vous le disais, il adore la poésie, *seulement* il ne connait personne qui sache en faire; il éprouve pour les poètes une tendresse qui est presque de la dévotion; *seulement* il ne peut plus les souffrir dès qu'ils se mettent à faire des vers.

Et il conte, à l'appui de ses opinions, des petites histoires pornographiques très gentilles, d'où il résulte notamment qu'un jeune homme de sa connaissance est parvenu à passer pour poète aux yeux d'une femme qu'il adorait, en prouvant mathématiquement à cette dernière qu'il était un parfait idiot.

Le jeune homme aurait mis plusieurs mois à atteindre ce résultat.

Cette anecdote, très flatteuse, comme on le voit, pour l'intelligence des femmes, cache peut-être un sens très profond. Malheureusement, je suis comme Henriette, moi, je ne sais pas le grec, ce qui fait que dans le cas où M. Louis Ulbach aurait l'intention de m'embrasser, je le prierais énergiquement de n'en rien faire.

*

Donc, voilà qui est bien convenu: les poètes devront désormais renoncer à la poésie pour entrer dans la carrière illustrée par M. Ulbach et le ministre de l'instruction publique, s'il a l'intention de se maintenir à la hauteur de sa mission, devra rendre l'arrêté suivant:

ACTICLE PREMIER

L'Ecole parnassienne est dissoute.

ART2

MM. Catulle Mendès, François Coppée, Armand Silvestre, Léon Dierx, Léon Valade, Albert Mérat, Sully-Prudhomme, Gabriel Vicaire, Raoul Gineste, Jacques Madeleine, Georges Millet, Paul Verlaine, etc., devront s'abstenir soigneusement de toute velléité lyrique.

ART. 3

Ils resteront libres de se raccrocher à telle branche de la littérature qu'il leur paraîtra juste et bon, en se tenant toutefois à l'écart de tout ce qui pourra concerner leur état.

ART. 4

M. Louis Ulbach, homme de lettres, est chargé de l'exécution du présent arrêté.

*

On aurait tort de supposer que j'ai–contre M. Ulbach le moindre sujet de mauvaise volonté et que je me refuse à reconnaître les belles et nobles facultés dont l'a pourvu la clémence divine.

Loin de là!

Seulement, moi aussi, j'ai sur son compte une manière de voir qui n'est pas celle de tout le monde.

Je veux bien voir en lui un critique sérieux, ne hasardant jamais à la légère ses idées et ses opinions, seulement je constate qu'il parle sans savoir quand il s'occupe de poésie et qu'il a publié un volume de vers dont il a été le premier–parlant cette fois en connaissance de cause–à reconnaître la parfaite insignifiance: je veux bien voir en lui un écrivain de race, incapable de s'exprimer dans une langue qui ne serait pas très claire et très précise; *seulement*, je demeure surpris que dans *Monsieur et Madame Fernel* il représente des laitières portant des pots au lait "remplis de pain, de légumes et de provisions."

XV

Les personnes qui ont le sens précieux de la. logique ont pu se demander parfois, et non sans raison, pourquoi il y a tant de moulins en Hollande, où l'on ne mange pas dix livres de pain par an.

Je vais le leur dire.

Ces moulins n'ont été créés et mis au monde que pour attraper les curieux; pas pour autre chose. Ils n'ont oncques moulu le moindre grain de froment, à telles enseignes qu'ils n'ont ni meules, ni cribles, ni quoi que ce soit qui puisse concerner leur état. Un meunier de fantaisie, caché à l'intérieur, en fait tourner les ailes à l'aide d'une ficelle qu'il tire et qu'il relâche alternativement, et on lui donne douze cents francs pour ça.

Cela a l'air invraisemblable, et cependant rien n'est plus vrai.

*

Seulement, chez nous, on a le tort de ne pas assez posséder ses classiques, et de continuer, malgré l'exemple du paysan du Danube, à juger les gens sur leur apparence. C'est comme ça que, se fiant aveuglément à la lourdeur apparente des Hollandais, on en arrive à les prendre pour de grosses bêtes et à les croire incapables de toute espèce de fantaisie. Parce qu'ils fabriquent et mangent de la Tête de Mort, on se figure qu'ils sont d'un naturel triste, alors que c'est tout le contraire. Ils ont la gaieté peu bruyante, c'est vrai; ils rient dans le tuyau de leur pipe, c'est encore vrai;

mais ils n'en constituent pas moins l'un des peuples les plus facétieux qui ornent la face du monde civilisé.

Je dédie aux méditations des entêtés qui s'obstineraient à ne pas me croire le récit rigoureusement authentique de la petite mystification dont vient d'être victime un de nos compatriotes, peintre de talent du reste, et auquel l'avenir tient des surprises en réserve.

*

Ce jeune homme reçut, il y a quelques semaines, une lettre libellée comme suit:

ROYAUME DE HOLLANDE EXPOSITION UNIVERSELLE D'AMSTERDAM

SECTION FRANÇAISE
Nº
BEAUX-ARTS

                        CABINET DU DIRECTEUR

Monsieur,

J'ai le plaisir de vous faire savoir que le jury de peinture de l'Exposition universelle d'Amstèrdam, dans la séance du de ce mois, vous a décerné, pour votre envoi, la Grève des marchands de peaux de lupins, une médaille d'or de première classe (valeur: 1,000fr.).

Cette médaille vous sera remise, au Ministère des affaires étrangères, à Paris, sur simple présentation du présent avis.

Recevez, etc.

Le directeur des Beaux-Arts,

V AN DER VANDERVANDER.

L'Ordonnateur des récompenses,

VAX DER Labéden .

*

La nouvelle de cette bonne fortune inattendue jeta l'artiste dans les transports d'une joie d'autant plus explicable, qu'il était en retard de deux termes vis-à-vis de son propriétaire. Il se rua donc au palais du quai d'Orsay, où, après une heure et demie de tête à tête avec un garçon de bureau, il eut la satisfaction d'être introduit près d'un jeune homme blond, vêtu comme une gravure de mode et qui se faisait les ongles avec une petite râpe. Il se nomma et exposa le but de sa démarche.

—Monsieur, répondit l'employé, il est parfaitement exact que vous avez obtenu une médaille à l'Exposition d'Amsterdam: mais cette médaille n'est que de deuxième classe, et sa valeur n'est que de500francs. Il y a une erreur que je ne m'explique pas dans la lettre de MM. Van den Labéden et Van der Vandervander.

—Ah! sapristi, exclama l'autre, êtes-vous bien sur de ce que vous avancez?

—Absolument sûr, monsieur.

—Mon Dieu, que voilà donc une chose contrariante! J'avais compté là-dessus pour payer deux termes, je ne pourrai plus en payer qu'un. Enfin, c'est comme ça, c'est comme ça. Veuillez, je vous prie, me remettre ma récompense.

—Ceci n'est plus de nos attributions, dit en souriant la gravure de mode, c'est à l'instruction publique que vous devez vous adresser. Une affaire, de quelque nature qu'elle puisse être, n'est jamais que du domaine de l'administration avec laquelle elle n'a rien à voir.

*

Passablement désappointé, le peintre se tendit illico au ministère de l'instruction publique, où il fut reçu par un jeune homme brun, qui, ayant achevé de se polir les ongles, échafaudait laborieusement sur son bureau un petit bûcher de cigarettes.

—Monsieur, lit-il en saluant, je suis désolé de vous interrompre au milieu de vos occupations; je viens chercher une médaille d'or de seconde classe qui m'a été décernée par le jury de peinture de l'exposition d'Amsterdam.

—Comment vous appelez-vous?

L'artiste se nomma.

—En ce cas, vous faites erreur, répondit l'architecte? la médaille à laquelle vous faites allusion et qui vous a été décernée, en effet, est une simple médaille d'argent de–troisième classe. Elle est tenue à votre disposition à l'ambassade hollandaise.

Pour le coup, le brave garçon se facha tout rouge.

—Ah ça, hurla-t-il, est-ce que ça va recommencer? Si l'on se moque de moi, qu'on le dise tout de suite!

—Mais, monsieur...

—Fichez-moi la paix! Est-ce que vous croyez que c'est drôle pour moi d'être traîné comme ça de médailles en médailles et d'administrations en administratio ns! Je m'en moque bien de votre médaille d'argent, ça vaut douze francs comme un liard, c'est à peine si je pourrai payer ma blanchisseuse!

Et il sortit, en parlant de faire un procès.

L'air de la rue ne le calma pas. C'est comme un fou qu'il tomba brusquement dans les bureaux de l'ambassade où un jeune homme roux, son pot à eau à la main, arrosait paisiblement une caisse de volubilis, espoir du printemps, posée en équilibre sur le bord de la fenêtre. Cet intelligent jardinier comprit immédiatement de quoi il s'agissait, et, avec un doux sourire:

—Calmez-vous, de grâce, fit-il, il a là une suite d'erreurs qu'il importe de réparer au plus tôt. Voici, monsieur, ce qui vous revient.

L'autiste, anxieux, tendit la main, et, le cœur battant d'émotion, ouvrit le petit écrin plat qui venait de lui être remis.

Un cris strident déchira l'air:

—Les misérables! Elle est en chocolat!

Et il s'abattit comme une masse.

*

La médaille était en bronze noir.

XVI

A Madame Yolande de la Hanchebombée,

Vous souvient-il, ô madame, qu'il y a six mois, vers fin octobre, nous fîmes la dînette en tête à tête dans un tout petit cabaret de Marly?

L'arrière-saison, qui a parfois de ces clémences, avait fait au ciel, ce jour-là, le même présent que firent les fées à la jeune princesse Peau d'Ane: une robe couleur d'azur et de soleil; et, ma foi, vous vous sentîtes prise d'un de ces appétits de banlieue, d'une de ces fringales de bon air qui s'abattent quelquefois sur les Parisiennes.

Nous partîmes, et en quelle hâte Dix heures sonnaient que nous errions déjà, bras dessus bras dessous, comme dans la chanson, par les petites rues de Saint-Germain, pleines de chasseurs en dolmans bleus. Mais bien que criant déjà la faim, vous voulûtes à toute force gagner Marly, où le souvenir d'une vague auberge vous creusait d'avance l'estomac, à cause de l'enseigne peinte au-dessus de la porte: un lapin qui bondit d'une casserolle dans l'autre.

Et ce fut là que nous déjeunâmes, en effet, dans une petite salle du premier étage, tendue de papier à huit sous le rouleau rappelant à l'imagination je ne sais quelle chasse à courre, tandis que, par les fenêtres ouvertes, des sonneries de cavalerie nous arrivaient à demi éteintes.

Pour vous remercier de m'avoir fait connaitre cet endroit véritablement délicieux, je vous offris, après le café, de vous mettre en rapport avec un petit bois non moins délicieux, et où l'on était parfaitement seuls, tant il est vrai que les déjeuners de campagne engendrent généralement un besoin de solitude à deux. Je dois vous rendre cette justice que vous ne vous fites pas prier.

- Mon Dieu, dites-vous seulement, nous allons avoir de la pluie!

Je regardai; le ciel se chargeait de gros nuages, une brise très fraiche s'élevait, rejetant derrière vos épaules les brides de votre chapeau. N'importe, nous nous mimes en route, en amoureux qui ne s'effarouchent pas pour si peu de chose, et dix minutes après nous pénétrions jusqu'aux genoux dans les hautes herbes d'une de ces forêts vierges qu'on se donne la peine d'aller découvrir si loin, alors qu'elles pullulent et foisonnent à quatre lieues autour de nous; dans les horizons des banlieues.

Ah! madame, quel ingrat je serais si le souvenir de cotte promenade n'était demeuré dans mon cœur gravé de manière immuable! Le bon petit bois, n'est-ce pas, bien fuit pour les rêveries échangées des amants! Tout me fait supposer que nous y serions encore si, brusquement, vous n'eûtes jeté ce cri d'angoisse auquel d'abord je ne compris rien, et dont un simple regard me donna toute l'explication. La traitrise d'un coup de vent venait d'enlever votre *tournure*, faite de bandelettes d'acier, et maintenant elle courait, elle courait, s'enfuyant comme une nymphe surprise à travers les sentiers mystérieux du petit bois.

Dieu m'est témoin que je fis1impossible pour1arrêter dans cette course aventureuse. Je m'élançai fougueusement sur ses traces, sacrifiant mon pantalon aux épines des églantiers, sourd aux avertissements d'une maladie de cœur qui profita lâchement de l'occasion pour se rappeler à mon souvenir.

Jamais je n'eusse cru qu'une Tournure pût courir aussi rapidement,

Que vous dirais-je; semblable aux attardés qui arrivent juste à temps pour voir le train partir, j'arrivai juste a temps pour voir la fugitive grimper sur un talus à pic et disparaître en un fossé, où je l'abandonnai à son malheureux sort.

Peut-être allez-vous me demander, ô madame, quelle nécessité j'éprouve de rappeler à votre mémoire cet incident dont la gravité ne fera pas date dans l'histoire contemporaine.

Je vais vous le dire.

L'Académie des sciences est depuis plusieurs jours bouleversée par la découverte que vient de faire un de ses membres, M. G..., lequel, en séance publique. vient d' exhiber les côtes d'un animal antédiluvien dont Cuvier n'a jamais soupçonné l'existence, et qu'il a récemment trouvées dans la tranchée du chemin de fer de grande ceinture qui va de Saint-Cloud à Marly.

Or, des discussions sans fin s'étant élevées sur la nature de l animal auquel a pu appartenir cette carcasse étrange et dont la structure est laite pour dérouter jusqu'aux plus érudits, je me demande, non sans sourire, si nous ne serions pas, vous et moi, plus savants, en cette circonstance, que toute l'Académie des sciences réunie.

XVII

Il y a, à l'heure qu'il est, dans les écuries de l'Hippodrome, un jeune taureau qui rumine mélancoliquement du foin, sans se douter de ce qui l'attend, et à l'idée duquel il ne viendra jamais de monter sur une borne comme Camille Desmoulins, pour haranguer le public et lui jeter ces paroles inspirées de l'Evangile:

—Encore quelques jours, et vous me verrez, encore quelques jours, et vous ne me verrez plus!

Avant qu'il soit longtemps, en effet, le sable de l'Hippodrome sera teinté de son sang, et le pauvre draille s'abattra, d'abord sur les genoux, ensuite sur les flancs, frappé à mort d'un coup de poignard dans le sein, comme un vulgaire personnage de tragédie.

Déjà, en vue de cette coupable action, El Senor Frasquello fourbit sa bonne lame de Tolède et fait repasser ses manchettes, tandis qu'il repasse lui-même devant la glace son attitude provoquante et ces sourires auxquels nulle femme ne résiste. Même, à en croire les journaux, il s'est payé une veste et une culotte neuves, destinées à doubler la séduction de ses formes.

*

J'ai horreur du toréador en général. Sa profession me répugne au suprême degré, et ses costumes donnent à son sexe une espèce d'indécision qui m'intrigue et qui me dégoûte.

C'est vous dire qui si Frasquello a compté un instant sur moi pour lui payer le voyage de Madrid à Paris, il a bien mal placé ses espérances.

Non seulement je ne lâcherais pas 15 centimes pour l'apprécier dans l'exercice de ses fonctions, mais on me donnerait beaucoup d'argent pour me délecter de ses grâces, que je m'empresserais de filer à Bois-Colombe. Ah! si j'étais bien sûr de le voir sur le dos avec les intestins à l'air, ce serait peut-être une autre histoire. Malheureusement, c'est beaucoup trop improbable pour que je songe à me risquer.

C'est égal, si les Parisiens tenaient à faire honneur à leur réputation et à se montrer une bonne fois le peuple le plus spirituel du monde, je sais ma foi bien te qu'ils feraient: ils iraient se poster purement et simplement le long du boulevard de la Gare, avec des clés plein leurs poches, et, quand l'illustre saltimbanque mettrait le pied sur le trottoir, ils lui renouvelleraient le même enthousiasme qu'ils témoignaient il y a quelques mois à son royal maître Alphonse XII, et lui démontreraient clair comme le jour toute l'inutilité pour lui de s'être acheté une veste neuve.

*

Ce qu'il y a de plus curieux, c'est que nous devons à la charité l'innovation dans notre pays de ce spectacle épouvantable qui s'appelle les courses de taureaux.

Ce sont des dames patronesses qui ont songé les premières à mélanger l'éclat du sang à l'éclat d'une fête de bienfaisance.

Quelle drôle d'idée; et qu'est-ce qu'une arène pleine de sang, des chevaux crevés à coups de cornes dans le ventre, un animal lentement égorgé après avoir été tout vif pendant deux heures lardé comme une escaloppe; qu'est-ce que tout cela, je vous le demande, a de commun avec la charité?

Je reconnais bien là la logique des femmes et leur instinct d'émulation jalouse toujours prêt à montrer son nez et à se faire quand même, là où il n'a que faire, cette petite place à laquelle il a droit de par la grande loi de nature. Lâchez deux femmes dans une bonne action, et vous verrez si le besoin de se grimper l'une l'autre sur le dos, ne les mènera pas fatalement à une infamie inconsciente.

*

Dans le cas présent, il n'y a pas d'équivoque. De deux choses l'une, en effet, ou ce sera la course de " taureaux mise à la portée de la civilisation parisienne, c'est-à-dire à l'élimination complète de tout danger, pour les combattants et pour le combattu,—auquel cas, n'ayant pas de raison d'être, elle serait déjà remplacée, sur le programme de la fête, par une course de chevaux de bois,—ou ce sera et ce sera en effet la véritable course de taureaux avec toute son horreur et toutes ses angoisses, ce qu'il fallait démontrer.

Eh bien, Parisiens, mes frères, voulez-vous me permettre un conseil? Ne vous croyez pas obligés, parce que les théâtres de *tra los montès* chômeraient et seraient en faillite depuis longtemps si vous n'eussiez fait *la Cagnotte, la Belle Hélène* et *le Canard à trois becs,* à un échange de bons procédés, et renvoyez ces hidalgos jouer de la guitare sous leurs fenêtres ou du couteau aux coins de leurs rues.

Vous aurez beau faire et beau dire, vous n'êtes pas faits pour certaines distractions et le rouge vous fait mal aux yeux, ce dont je vous fais mon compliment sin cère. C'est au premier filet de sang que je vous attends.

L'innocente course au cochon a jusqu'ici suffi à votre félicité; et, sans attaquer aucunement votre immuable jeunese, vous commencez à vous faire trop vieux pour changer vos habitudes.

*

Vous allez peut-être m'accuser de parler ici sans savoir et de m'attaquer à des émotions que je n'ai jamais été à même d'éprouver.

C'est cependant ce qui vous trompe: j'ai vu de mes propres yeux un combat de taureaux comme vous n'en verrez de votre vie, attendu qu'il eut lieu, par un beau soir de carnaval, à un cinquième étage de la rue Neuve-Coquenard.

C'est le pauvre chanteur Desroseaux, mort l'an dernier, qui avait été l'inventeur de cette fantaisie énorme, à laquelle était conviée toute l'élite du Paris artiste: les Coquelin, Mlle Reichemberg, Jeanne Samary, etc. La promesse d'une surprise tenait tous les cœurs en suspens.

Le moment arriva enfin. Au deuxième coup de minuit, la porte s'ouvrit à deux battants, et un veau, un veau de trois mois, monté le matin jusqu'à l'appartement à grand renfort de coups de pied dans le train de derrière, et enfermé depuis quinze heures dans la cuisine, la bouche sur la pierre de l'évier, fit dans le salon une entrée triomphale, entouré de femmes en andalouses avec les castagnettes aux poings et de toréadors armés de broches à rôtir.

L'effet auprès des invités fut naturellement énorme, et tout porte à penser qu'ils en riraient encore si le pauvre animal n'eût été pris subitement d'une… émotion, assez légitime d'ailleurs, mais qui ne fut malheureusement pas sans certaines éclaboussures pour les robes fraîches de ces dames.

Plusieurs se fâchèrent et partirent; les autres, par esprit de corps, les imitèrent, et je né vois rien dans mes souvenirs d'aussi franchement comique que la situation du pauvre Desroseaux restant tout seul, en tête à tête avec son veau, dans le salon qu'on eût pu croire illuminé tout exprès en l'honneur de ce ruminant.

J'ignore quelles surprises Frasquello nous réserve; au point de vue de l'intérêt, ce sera peut-être plus poignant, mais au point de vue de la gaieté, ce sera certainement moins complet.

XVIII

Il vient de m'arriver une émotion dont je ne serai certainement pas remis avant une huitaine de jours; j'ai cru que la princesse Pignatelli était tombée amoureuse de moi, et comme de juste, on a beau être fait à tout, ces surprises-là vous font toujours quelque chose.

J'ai en effet reçu une lettre de cette grande dame. Je l'ai immédiatement couverte de baisers (la lettre, bien entendu), après quoi j'ai eu le regret de constater qu'elle était entièrement écrite d'une main d'homme, signée seulement de la jeune femme, et que ce que j'avais pris pour une déclaration n'était qu'une simple carotte.

Le chemin de la vie est pavé de désillusions.

Il ne faudrait pas supposer que la princesse Pignatelli a tenté de m'emprunter dix sous. Elle l'eût fait, que je les lui eusse prêtés avec tout le désintéressement dont je suis capable; mais enfin elle ne l'a pas fait. Elle s'est bornée à m'emprunter ma sympathie, me promettant de ne pas s'en servir avant le 17 de ce mois, date où elle traînera son beau-frère, M. le comte Potocki devant le juge de paix de son arrondissement.

Car il paraît que ce gentilhomme est le pire de tous ses ennemis. Comme disent les enfants en parlant de leur pion, *il lui en veut*, et c'est sans relâche et sans trêve qu'il travaille depuis quatre mois à la ruine de sa carrière théâtrale, si brillamment commencée, du reste, sur la scène de la Scala.

C'est d'autant plus mal de sa part, que son infortunée belle-sœur a besoin de gagner sa vie et d'élever sa petite famille.

Mon Dieu, que les hommes sont lâches!

*

La jeune princesse n'a pas frappé en vain à la porte de mes bons sentiments.

Je suis toujours ému à l'idée qu'une mère de famille n'a pas de pain pour ses enfants, surtout quand elle se donne la peine de payer un secrétaire tout exprès pour me le faire savoir.

Plus j'y songe, et plus le rôle joué en cette affaire par M. le comte Potocki me paraît indigne d'un gentilhomme de race, et me semble peu compatible avec les saines traditions de la vieille galanterie polonaise.

Comment, voilà une pauvre femme qui meurt littéralement de misère et dont les petits êtres sortis d'elle se tordent épouvantablement dans les convulsions de la faim? Cette malheureuse, poussée par le plus pur des sentiments—j'en appelle au cœur de toutes les mères ici présentes,—n'hésite pas à sacrifier la dignité de son nom et celle de ses ancêtres; elle se paye (et au prix de quels sacrifices!) une toilette de soirée en velours frappé, va se faire coiffer chez le perruquier du Jockey-Club, monte sur les planches de la Scalla, et, le cœur torturé d'angoisses, roucoule, le sourire sur les lèvres: *J'te vas régaler; Eun'fait donc pas tant ta morille; Tu mettras ça sous l'chandelier,* etc., etc., et M. le comte Potocki, sous prétexte que ça compromet la famille, lui met des bâtons dans les rou... coulades!

Ma parole, quand la délicatesse de sentiment aura disparu de la surface de la terre, ce n'est pas dans le cœur de M. le comte Potocki qu'il faudra espérer la retrouver.

*

Patience, le jour viendra peut-être où ceux-là mêmes, qui aujourd'hui me lisent et rient, verront entrer dans la cour de leur maison une femme pauvrement vetue et la tête encapuchonnée d'un voile épais. Cette femme tiendra d'une main un jeune enfant maigre et chétif, de l'autre une pauvre petite fille aux traits déjà fanés par la misère; de la main qui lui restera libre, elle grattera les cordes d'une guitare en chantant d'une voix que couperont les sanglots:

    C'est pour l'enfant,
    J'en fais serment!

tandis qu'elle élèvera vers le ciel ses bras suppliants. et affolés !

Et certes, on ne rira plus, car on reconnaîtra dans la chanteuse voilée, Maria Gaetana, princesse Pignatelli, princesse de Cerchiara, qui se sera acheté une guitare sur ses dernières économies et gagnera la vie de sa famille.

Peut-être alors, M. le comte Potocki se décidera-t-il enfin à venir au secours de sa belle-sœur, en lui faisant donner du pain... et des leçons de chant.

XIX

Si Calino, qui a dit de l'Espagne qu'elle était la patrie du fromage d'Italie, voulait nous prouver à toute force que l'Angleterre est la patrie de la vieille gaieté française, on pourrait affirmer qu'il serait dans le faux.

L'Angleterre est tout simplement la patrie de la gaieté anglaise: une gaieté moins expansive et moins bruyante que la notre, puisqu'elle se traduit le plus souvent par le spleen et la maladie noire, mais qui. quoi qu'on en dise, existe réellement, bien qu'à l'état latent, dans le cœur de chaque Anglais.

Ne disons pas de mal de ces gens-là: je vous prie de croire que quand ils se mêlent d'être drôles, Hamburger et Coquelin cadet ne sont plus que de la Saint-Jean à côté d'eux: à preuve, cette singulière histoire d'immobilisation d'huissiers qui, pour la plus grande satisfaction des gens endettés, se prolonge depuis je ne sais combien de temps dans une des rues de Birmingham.

Voici le fait dans toute sa simplicité:

Deux jeunes misses, parfaitement belles et bien nées, avaient souscrit à divers commerçants de Birmingham un certain nombre de billets se montant ensemble à 80 livres sterling, soit 2,000 fr. environ, et les sourires engageants de ces demoiselles ayant paru aux créanciers une garantie suffisante du remboursement de leurs dépenses, ceux-ci avaient accepté l'arrangement sans trop se l'aire tirer l'oreille.

*

Le jour de l'échéance arriva et, aussi, ce qui était prévu: protestation générale des billets.

Les créanciers, s'y attendant, ne s'en émurent pas. Ils se bornèrent à aller prendre un bain et à s'aller faire raser. Après quoi, ils se présentèrent au domicile des deux jeunes lilles, une rose à la boutonnière et un fin sourire sur les lèvres, disposés à user de la plus grande indulgence et à se contenter des compensations qui leur seraient certainement offertes.

La réception fut charmante; les compliments de bienvenue qui les accueillirent à leur entrée confirmèrent les visiteurs dans leurs légitimes espoirs et leur parurent les prémices non trompeurs d'une journée destinée à être Lien remplie. Seulement, quand ils voulurent toucher... le premier mot de ce qui les amenait, cela changea du tout au tout, et, avant même d'avoir eu le temps de s'y reconnaître, les pauvres diables furent culbutés pêle-mêle dans les escaliers, avec toute la précipitation due à la pureté de leurs desseins.

*

Ces surprises-là sont toujours désagréables et portent le plus souvent à la mauvaise humeur.

Aussi les marchands de Birmingham prirent-ils le parti de se venger, et, pour ce faire, lachèrent-ils une meute d'huissiers aux cotillons des deux mauvaises payes.

Mais ici la justice anglaise intervint et dit: Permettez! Vous ne pénétrerez, pas de force chez un débiteur qui ne veut pas de vous. C'est très fâcheux mais c'est comme ça. Et voilà les malheureux huissiers condamnés à battre la semelle sous les fenêtres de leurs clientes, d'où pleuvent jour et nuit des reliefs varies et des comestibles défraîchis. Car, notez bien que les deux misses n'ont même pas à craindre de mourir de faim. La ville entière a pris parti pour elles, et c'est, sans relâche, des croisées au trottoir, un va et vient de paniers qui descendent et remontent, chargés de provisions de bouche, dont les huissiers, comme je viens de le dire, ne sont pas sans avoir leur part.

Et cela dure comme ça depuis plusieurs semaines!

Je n'ai pas besoin d'ajouter que les deux assiégées rient comme des folles et s'amusent de tout leur cœur pour l'argent qu'elles n'ont pas payé.

XX

La France a cela de très curieux qu'elle est la patrie de tous les étrangers.

Nous sommes le bizarre pays où le chauvinisme, poussé parfois jusqu'à l'outrance, s'allie de la manière la plus déraisonnable à un sentiment fait à la fois de charité et d'insouciance et qui nous pousse à accepter, en nous taisant sans murmurer, comme dit M. Eugène Scribe, la société d'un tas de nobles inconnus en proie, la plupart du temps, aux instincts les plus malpropres.

Nos villes, nos rues, nos maisons sont infestées de Prussiens qui, sous le fallacieux prétexte de nous initier aux douceurs du brœtzel trempé dans la bière de Munich, viennent purement et simplement nous espionner, à toutes fins utiles; de Suisses qui se font un devoir de concourir à la guérison des hypocondriaques par l'importation des cartes transparentes; de Polonais qui viennent maintenir au milieu de nous les saintes traditions de l'ivrognerie et commander des troupes fédérées quand l'occasion s'en présente; d'Italiens déguisant en modèle d'atelier leur parti pris bien arrêté de nous assassiner à coups de couteaux dans le dos autant de fois que faire se pourra.

Nos feuilles publiques sont journellement salies des faits et gestes de ce petit monde, qui n'est même plus équivoque et qui semble se faire un plaisir de nous révolter à chaque moment dans nos sentiments naturels de loyauté et de droiture.

Mais ça ne fait rien; qu'un de ces personnages vienne à se casser une patte, il y a cent contre un à parier qu'on organisera spontanément et dans les vingt-quatre heures une souscription à son bénéfice.

*

Ce que l'on fera de si bon cœur pour une simple individualité, on le fera à plus forte raison quand il s'agira d'une foule.

Une nation peut être notre pire ennemie. la question pour nous n'est pas là. Il suffit qu'elle soit éprouvée par une catastrophe quelconque pour qu'elle se crée immédiatement tous les titres à notre amitié.

Je déplore cette manière de voir, mais je la partage.

J'ai ce tort, mais j'ai cet honneur.

Seulement, dans ce cas-là, les proportions changent; ce qui n'était qu'une collecte à domicile devient une fête nationale avec illuminations, trains de plaisir, suppression momentanée des lois sur la mendicité, etc., etc. On met les Tuileries sans dessus dessous, on y plante des grands machins verts très vilains, on y construit des petites baraques en bois, on y installe toute l'élite de la société représentée par des mangeurs d'étoupe, des avaleurs de sabres, tout le diable et son train. Une délégation. décemment vêtue. se rend, en vue d'obtenir leur gracieux concours, citez de jeunes demoiselles, qui ont pour profession de vendre cher du champagne bon marché, et qui veulent bien consentir pour la circonstance à faire violence à leur pudeur en se laissant poser sur les joues, par des messieurs qu'elles connaissent plus ou moins. des baisers à vingt-cinq francs le verre.

Mais comme elles sont habituées à ce qu'on leur pos e pire que cela, elles y mettent un empressement et une bonne volonté qu'elles sont les premières à reconnaître.

Le résultat de tout ce branle-bas, c'est une assez belle quantité de billets de mille qui sont immédiatement remis entre les mains des victimes, avec l'expression de nos meilleurs sentiments.

Le plus drôle, c'est qu'une fois l'argent arrivé à destination, un ne sait plus ce qu'il devient.

*

Prenez, par exemple, Ischia dont la terrible catastrophe est encore présente à toutes les mémoires.

Sait-on pour combien, à la fête des Tuileries, on a vendu de pains d'épice, de macarons et de verres de champagne?

Pour quatre millions, à peu de chose près.

Vous croyez peut-être que ça a changé quelque chose au sort des victimes? Rien du tout. Vous pouvez demander, si vous voulez, à M. Marius Vachon, mon confrère de la *France,* qui lors de la vente en question, ayant bu pour quatre francs de coco, a tenu à connaître l'emploi de son argent, et vient de se rendre en Italie, tout exprès pour être fixé.

Eh bien, c'est simple comme bonjour. A l'heure qu'il est, cinquante familles d'Ischia en sont réduites à se têter les pouces, faute d'une nourriture plus substantielle, et le reste de la population n'a trouvé moyen de vivre, jusqu'à l'heure présente, que parce que les melons sont très bon marché.

"Si le comité de Naples, a dit le syndic, M. Menella, à M. Marius Vachon, avait distribué les quatre millions de secours, l'île d'Ischia serait de nouveau prospère; les bains auraient été reconstruits, les villas rebâties, les vignes replantées. Les baigneurs reviendraient au mois de juin comme par le passé, rapportant l'aisance, la vie, dans cette malheureuse ville, qui est sur le point de disparaître complètement.,,

Notez avec cela que la presse italienne nous refuse toute espèce de droit à réclamer et nous engage séchement à nous taire, sous peine pour nous de recevoir des gittles; en sorte qu'il ne nous reste plus qu'à chercher notre argent une lanterne à la main, comme jadis Soubise cherchait son armée.

Comme disait Lassouche dans *Célimare le bienaimé* : bizarre, bizarre, bizarre!

XXI

La mauvaise mine des Parisiens est depuis trop longtemps devenue proverbiale pour qu'on songe, encore à s'en émouvoir; mais, franchement, les gens de la rue Guy-Labrosse, de la rue Linné, de la rue Buffon, de toutes les rues, en un mot, qui avoisinent le Jardin des Plantes, sont arrivés à perdre toute mesure.

Et ça se comprend, ces malheureux ne dorment plus.

Toutes les nuits, c'est une vie épouvantable: un charivari de beuglements, de glapissements, de hurlements, un concert à ne plus s'entendre de plaintes qui s'élèvent, se succèdent, se confondent et se prolongent jusqu'à l'heure matinale où, forcément, elles s'éteignent dans le réveil bruyant de Paris.

Comme de juste, au bout d'un certain temps, les habitants de la rue Guy-Labrosse, trouvant qu'ils en avaient assez, ont voulu, tout au moins, en avoir le cœur net. Ils ont pris des informations, et, maintenant, ils savent à quoi s'en tenir.

C'est, purement et simplement, les bêtes du Jardin des Plantes qui crèvent de faim et qui réclament.

Ne pensez pas qu'on leur fasse faire maigre sous le prétexte du carême; ce serait absurde: elles ont une dispense. Non, c'est bien plus simple que cela: on ne leur donne pas de nourriture parce qu'on n'a pas le sou pour leur en acheter.

Voilà.

*

A bien envisager les choses, il serait difficile qu'il en fût autrement.

Et, en effet, la somme totale des crédits affectés au Muséum d'histoire naturelle n'atteint pas même un million. Or, il y a dix-neuf professeurs; cinquante-six aides naturalistes et préparateurs, un grand nombre d'employés: jardiniers, dessinateurs, bibliothécaires, commis de ménagerie, secrétaires, gardiens, garçons de laboratoire, mouleurs, etc. Les dépenses pour le matériel absorbent à elles seules une part considérable des crédits. Rien que pour le jardin et les serres elles s'élèvent à cent mille francs!

En sorte que, tous frais payés, il reste chaque jour 3fr. 73pour l'entretien des animaux.

C'est peu.

*

Aussi ces pauvres bêtes se plaignent, et je n'ai pas le courage de les en blâmer. Plusieurs d'entre elles, qui sont déjà d'un certain âge, sont forcées de se livrer à la mendicité, et, indigne couronnement d'une carrière bien remplie, de tendre journellement la patte aux militaires et aux nourrices. D'autres, en quête d'emplois vacants et dont le besoin de manger réduit fort les exigences, mettent au service des amateurs, à des prix extrêmement modiques, les petits talents dont elles disposent. Toutes parlent de se mettre en grève.

Qu'est-ce que nous allons devenir!

*

Si les animaux meurent de faim, on ne pourra pas, à moins d'y mettre beaucoup de mauvaise volonté, dire que les hommes meurent de soif. Paris est devenu la ville des marchands de vin, j'en appelle au souvenir de ceux qui, ne fut-ce qu'une fois dans leur vie, ont eu l'occasion de mettre le pied dehors. Une rue nouvelle s'ouvre-t-elle, immédiatement quatre marchands de vin sortis de terre y organisent une partie de quatre coins.

Ces quatre premiers marchands de vin sont aussitôt suivis de plusieurs autres qui, côte à côte et amicalement installés, s'emparent de chaque trottoir, en font leur propriété, et se chargent de donner au quartier ce petit côté pittoresque sans lequel nulle fête n'est bonne. Lorsque la rue en est bien pleine, et qu'il ne reste plus de place pour les derniers arrivés, on pare à cet inconvénient en en ouvrant une autre tout exprès.

M. Jean de Nivelles, au Soleil, qui est misanthrope parce qu'il a de mauvais yeux et qu'il est habitué à regarder le monde à travers ses lunettes noires, se répand en plaintes amères à ce sujet, et trouve que, dans certain cas, l'abondance de biens est nuisible. Et il dit:

Il y a des quartiers de Paris qui sont littéralement infestés de marchands de vin, ou on les rencontre à toutes les portes, avec leur collection de flacons de toutes les couleurs, dont le contenu opère d'une manière presque aussi sûre que les toxiques d'une pharmacie. En moyenne, le chiffre annuel de la consommation parisienne, en boissons. est représenté par une somme d'environ six cents millions, dont la moitié, au moins, peut être attribuée aux excès, et cela, depuis la guerre, ce qui revient à dire que Paris a absorbé, en trop, en douze ans, presque la rançon de la France. Et ce n'est pas prêt de diminuer, au contraire.

Vous voyez que je ne le lui fais pas dire. Six cents millions de boissons par an, c'est-à-dire un peu moins de deux millions par jour!

On a beau n'être pas misanthrope et n'avoir pas de mauvais yeux, cette statistique vous bouleverse.

C'est à vous dégoûter des prunes à l'eau-de-vie!

XXII

Un journal mondain du matin nous lait part d'une nouvelle considérable.

Il paraît que la jeune comtesse de R... suivait dernièrement à cheval une chasse à courre.

C'est déjà très intéressant; mais, vous allez voir, c'est, bien plus curieux que ça.

Tout à coup–voyez-vous ce que je vous disais? –le cheval qu'elle montait prit peur et lui jeta si rudement le pied contre un tronc d'arbre, qu'elle poussa un léger cri. Eh bien! qui le croirait? elle continua la chasse et elle n'hésita pas à franchir un obstacle pour arriver bonne première à l'hallali! Seulement, quandelle fut rentrée au château et qu'on lui eût enlevé ses bas, on constata qu'elle avait une entorse.

Le chroniqueur qui raconte cette anecdote, d'où il résulte clair comme le jour que la plupart des chevaux manquent d'éducation, ne peut retenir son enthousiasme et il s'écrie dans un bel élan de lyrisme: Voilà, certes, un acte comme on en voit peu, et il est bien peu d'hommes qui auraient eu le courage de suivre une chasse avec une blessure de ce genre!»

Je m'associe pleinement à cette admiration. Le spectacle de cette jeune femme qui n'hésite point à surmonter la douleur pour ne pas rater l'hallali me couvre littéralement de stupeur.

J'en suis baba, ni plus ni moins; et la jeune comtesse de R... vient de porter un coup terrible dans mon estime au brave capitaine Castagnette.

*

A vrai dire, si extraordinaire que soit le fait, il n'est cependant pas sans exemples; et ce n'est pas pour du miroton que nous sommes le pays des braves. En ce qui me concerne, j'ai été le témoin de plusieurs actes de courage dont le souvenir restera éternellement gravé dans mon esprit.

Je vous demanderai la permission de vous en-citer quelques-uns.

Je connais particulièrement un brave garçon qui a d'énormes cors aux pieds. Je ne crois pas devoir le nommer, parce qu'il est l'amant d'une marchande de coco à qui cette révélation pourrait faire le plus grand tort dans le quartier de la rue de l'Echiquier. Or, le mari de cette aventurière, dévoré d'ambition, convoitait les palmes du Mérite agricole.

Que pensez-vous que fit mon ami? Il n'hésita pas un instant à mettre des CHAUSSURES NEUVES et à aller intriguer en personne. au ministère de l'agriculture, où il avait des influences. Il ne rentra que trois heures après, avec les pieds à la poulette, et il est condamné, depuis ce jour, à ne plus porter que des espadrilles.

Plus fort que ça. On m'a montré, une fois, chez le président de la République, un monsieur qui avait attrapé des engelures pendant le grand hiver de1879 à1880. Comme les traits de son visage indiquaient clairement chez cet homme une énergie peu commune, je liai connaissance avec lui, et il daigna m'apprendre que, même pendant les plus grands froids, il se lavait les mains une fois par semaine, au mépris des plus atroces souffrances.

Comme je n'ai pas vu le fait de mes yeux, je ne le donne que sous toutes réserves: mais ce que je puis affirmer sur l'honneur, c'est que j'ai, rue aux Ours, un cousin,–lequel, en mettant du vin en bouteille, manqua de se prendre le doigt entre le bouchon et le goulot. On croirait volontiers qu'il jeta les hauts cris. Rien du tout, il garda le sang-froid le plus admirable, et pas un cri, échappé de ses lèvres, ne trahit l'horrible torture à laquelle il venait d'échapper par miracle.

*

Je pourrais citer d'autres faits de ce genre. Un certain nombre de mes amis ont supporté sans une plainte des sinapismes et des vésicatoires, et moi-même, en somme, sans me vanter, je jure sur les cheveux blancs d'Etienne Carjat que je n'ai pas poussé le moindre rugissement le jour où je me suis fait arracher une dent par l'insensibilisateur.

Je préfère cependant m'en tenir là.

On pourrait croire que je songe le moins du monde à déprécier la bravoure de la jeune Mme de R..., et cette considération paraîtra assez importante pour justifier ma discrétion.

XXIII

Le prince de Mélissano vient de gagner son procès après avoir perdu sa place.

Voici l'histoire pour ceux qui ne la connaissent pas:

Le prince de Mélissano, grand amateur de ballets, avait loué en abonnement, moyennant 1,800 francs, le fauteuil 23, situé au premier rang de l'orchestre des Italiens. Il arriva que les représentations d'*Héro diade* nécessitant un surcroît de musiciens, le premier rang de l'orchestre sauta tout entier, si bien que le prince se vit réduit à la dure nécessité de s'asseoir dans le fauteuil 47, devenu, par suite du remaniement en question, le fauteuil 23 du premier rang.

(Mon Dieu, que de *rang!* Cette histoire a l'air d'être contée par le maréchal Canrobert.)

Navré,—on le serait à moins,—le dépossédé s'alla plaindre à M. Victor Maurel, directeur des Italiens, qui déclara ne pas comprendre un mot à cette étrange réclamation.

—C'est pourtant bien simple, dit le prince; j'ai payé 1,800 fr. pour voir les jambes des danseuses à partir d'une certaine hauteur; si vous me reculez d'un mètre, mon but est complètement manqué. C'est une question de perspective.

—Ce sont là des détails, répondit M. Maurel.

—C'est justement parce que ce sont des détails que je désire être placé de façon à en perdre le moins possible.

—Au surplus, reprit M. Maurel, je ne sais pas de quoi vous vous plaignez. Vous avez luné le fauteuil 23 de premier rang, vous avez le fauteuil 23 de prem ier rang.

—Ah! très joli! Seulement, à ce compte-là, vous pouvez faire sauter vingt-cinq rangs de l'orchestre, mettre le vingt-sixième sur la place du Châtelet, m'installer au milieu du bassin, toujours dans le fauteuil et je n'aurai aucun droit à me plaindre. Non, merci, je n'accepte pas cette combinaison, rendez-moi mon argent ou rendez-moi ma place.

—Allez vous asseoir, dit M. Maurel.

—Dans le fauteuil 23, répondit le prince.

*

Cette bizarre histoire de fauteuil s'est terminée comme elle devait se terminer, c'est-à-dire devant la magistrature assise.

M. Maurel s'étant énergiquement refusé à rembourser au prince de Melissano le montant de son abonnement, le prince de Melissano a tout bonnement traîné M. Maurel devant la justice française, et il en a obtenu gain de cause.

Même, les juges prenant en considération l'infortune du pauvre gentilhomme qui a été, pendant un certain temps, privé des jambes des ballerines, l'en ont dédommagé de leur mieux en lui allouant une indemnité de trois cents francs, qui fait le plus grand honneur aux petites danseuses.

Avec tout cela, M. Victor Maurel peut, à l'instar du *Petit Faust,* se. vanter d'être un homme heureux. Car enfin, représentez-vous, chez tous ses abonnés d'orchestre, des caractères aussi entiers que chez le prince de Melissano, et vous allez voir *illico* à quels résultats on arrivera.

Partant en effet de ce principe que le premier rang des fauteuils est devenu le second, le second est naturellement devenu le troisième, le troisième le quatrième, le quatrième le cinquième et ainsi de suite jusqu'au contrôle, en sorte qu'il n'y aurait pas de raison pour qu'y mettant un peu de mauvaise volonté tous les abonnés de l'orchestre n'aillent pas à tour de rôle se faire rembourser leur argent sous prétexte qu'ils ne saisissent plus assez de détails.

Le précédent du prince de Melissano les y autoriserait surabondamment.

Par bonheur, ils n'en feront rien.

Je me plais du moins à l'espérer pour l'avenir du Théâtre-Italien qui n'a nullement besoin de cette complication pour faire de mauvaises affaires.

XXIV

Il est malheureusement certain que depuis longtemps déjà la licence tendait chaque jour à s'infiltrer davantage dans nos mœurs. Un vent d'impudeur et de libertinage soufflait sur nous, envahissant l'art, le livre, le théâtre, et jusqu'à nos rues et faubourgs où, à partir de huit heures l'été, et de quatre heures et demi l'hiver, la circulation devenait impossible, à tous les gens qui n'ont pas le cœur solide. Moi qui vous parle, je n'osais plus sortir le soir sans me mettre des lunettes bleues, et, pour parler comme Janot, sans me garnir les oreilles de coton. La morale égorgée jetait des cris de paon. Il fallait que ça eût une fin.

Eh bien ça y est; ça a été long, mais ça y est; et M. le préfet de police, devant l'accroissement persistant d'une prostitution qui no se voile même plus la face; devant l'envahissement continu d'une dépravation qui se fait jour de toutes parts, vient de prendre une mesure énergique: il a frappé de ses foudres les géantes, les grosses femmes et les femmes torpilles, et il les a chassées de la foire au pain d'épice!

C'est violent, mais c'est comme ça.

D'ailleurs, il y a cela de bon chez nous qu'on ne se plaint jamais en vain. Il n'est pas exemple d'une réclamation un peu juste qui n'ait fini par obtenir gain de cause. Ça ne va pas toujours très vite, parce que le personnel de nos administrations est excessivement nombreux; mais tout est bien qui finit bien, et, en somme, ça finit toujours à la satisfaction générale.

Le peuple crie-t-il misère et se répand-il en amères lamentations contre l'élévation des impôts, immédiatement on s'émeut, la Chambre entière n'a plus qu'une voix:

—Ces gens-là sont accablés de charges et crèvent de faim; ça ne fait pas l'ombre d'un doute. Il faut faire quelque chose pour eux. Enlevons l'impôt sur la graine de lin

Et on enlevé l'impôt sur la graine de lin.

Les gens qui rentrent tard le soir. se plaignent-ils des quatre-vingt mille malfaiteurs qui envahissent les rues à partir de minuit, ça ne fait même pas question:

—C'est évident; plusieurs de nos quartiers sont de véritables succursales de la forêt de Bondy: il faut mettre bon ordre à cela et faire une râfle d'anarchistes!

Et on fait une râfle d'anarchistes.

Des personnes chastes et pudiques réclament-elles contre l'envahissement du trottoir par une population ignoble de filles publiques et de drôles sans nom, aussitôt M. Camescasse prend parti pour la bonne cause. et il s'écrie:

—C'est parfaitement juste: nous vivons dans un véritable fumier. Il faut donner un coup de balai là-dedans, et, à partir de ce jourd'hui, l'exhibition des phénomènes est expressément défendue.

Si avec ça vous n'êtes pas satisfaits, qu'est-ce qu'il vous faut.

*

Loin de moi la pensée de mettre en doute la haute sagesse préfectorale, mais, toute plaisanterie à part, voilà une singulière mesure.

La nouvelle m'en a causé un tel saisissement quand je l'ai connue par la voie des journaux, que je l'ai prise d'abord pour une blague des réactionnaires. Eh bien! j'avais parfaitement tort, et, pas plus tard que dimanche dernier, j'ai pu constater *de visu* l'absence complète de femmes monstrueuses à la fête de la place du Trône.

Je me hâte d'ajouter qu'elles sont avantageusement remplacées par de jeunes et élégantes saltimbanques, qui, sur les tréteaux de leurs théâtres, étalent au grand air la fleur de leurs gorges potelées et la nudité ne leurs jambes.

Je sais bien qu'elle n'est que simulée, mais comme elle n'en est que plus éloquente, ça ne change rien à ce que je dis.

Et, comme de juste, je comprends de moins en moins.

De deux choses l'une, en effet: ou, trop sensible à la tentation, le préfet est profondément ému à la vue des femmes colosses (auquel cas il est doué des appétits les plus grossiers, et l'austérité de mes principes me fait un devoir de ne pas discuter avec lui), ou il reste froid et insensible devant les charmes artistement emmaillottés de jeunes actrices qui ont généralement plus de grâce que de talent (auquel cas nous avons un préfet en bois, et je discuterai encore bien moins).

Pudibond, soit; mais illogique, je proteste.

Il est vrai que les femmes colosses ont toujours eu la coupable faiblesse de prêter leur "petit mollet" à la curiosité des hommes mariés, et c'est peut-être là ce qui décharné si vivement les indignations de M. Camescasse.

Eh bien, franchement, il n'y a pas de quoi, et je sais même bon nombre de joyeux farceurs qui n'en ont pas demandé davantage pour revenir, repentants et guéris, aux sobriétés conjugales.

XXV

La veuve Gras a fondé une école à laquelle je ne mettrai certainement pas ma fille, si jamais le ciel m'en donne une.

De temps en temps, quand on est resté quinze jours sans apprendre qu'un contemporain a eu le nez enlevé d'un jet de vitriol, on se frotte les mains et on se dit:

Très chic! la veuve Gras a fermé boutique, nous allons avoir la paix

Erreur profonde la veuve Gras a tout simplement donné congé à ses élèves.

Ils connaissent bien peu les femmes ceux qui pensent, qu'ayant dépisté une idée, elles la lâcheront si aisément! La preuve, c'est que cette semaine encore deux pauvres diables ont été inondés d'acide sulfurique et qu'un troisième est venu témoigner devant la cour d'assises avec un œil de moins et une joue épouvantablement endommagée.

Et le pire, c'est que ce malheureux n'avait absolument rien fait qui expliquât le procédé de mauvais goût dont il a été la victime. Il ne savait même pas dequoi il s'agissait, c'est le président qui l'a renseigné. Il a appris de cette façon qu'il avait eu sans s'en douter, et pendant plusieurs années, ce qu'on est convenu d'appeler des relations avec une fille de son quartier, qu'il lui avait promis le mariage, l'avait plusieurs fois rendue mère, etc. La nouvelle des faveurs dont il avait été ainsi gratifié, l'a flatté plus qu'on ne saurait croire; mais il a trouvé que payer des deux tiers de sa figure une bonne fortune qu'il n'avait jamais eue, c'était tout de même un peu cher. Je partage entièrement cette manière de voir.

*

Il y a seulement quelques années, les demoiselles à marier qui ambitionnaient un époux digne d'elles, commençaient par veiller avec une certaine attention au bon entretien de leur vertu. Marion-Delorme est la seule qui, après s'être rendue coupable de diverses négligences a eu l'art de se tirer d'affaire avec un vers de douze pieds.

Mais comme aujourd'hui ce n'est plus ça et que Victor Hugo n'est pas toujours là pour sauver la situation, il a fallu inventer quelque chose, et les égarées n'ont rien trouvé de mieux que de se refaire une virginité avec de l'acide sulfurique.

De cette façon, il n'y a plus besoin de se gêner; une fille qui a eu sept enfants, et que ça peut embarrasser un peu pour monter son petit ménage, va tout bonnement chez le marchand de couleurs, y achète dix sous de vitriol en invoquant pour prétexte le récurage de ses chenets, va se poster à un coin de rue, sa petite bouteille à la main, et se précipitant sur le premier imbécile dont la physionomie lui revient:

–Lâche! veux-tu m'épouser, oui ou non?

–Allez vous faire épouser ailleurs, dit le passant qui croit avoir affaire à une folle,

Ah! c'est comme ça que tu me laisses en plan avec sept enfants sur les bras! Eh bien, tiens, voilà pour t'apprendre à séduire les malheureuses.

Là-dessus, grande inondation de vitriol et voilà encore dix sous de perdus.

*

Je suis surpris qu'on n'ait point encore fondé une compagnie d'assurance contre les ravages du vitriol, à une époque où on ne peut mettre un pied dehors sans risquer de se voir endommager tout ou partie de son individu.

Réellement, il y aurait quelque chose à faire avec cette idée.

Voyez un peu comme ce serait simple: moyennant un léger versement, une victime du vitriol toucherait une indemnité proportionnée à l'importance du dégât. Un œil brûlé donnerait droit à une inscription de rente sur l'Etat, dont l'importance serait en raison de la plus ou moins grande myopie du sinistré. Une oreille ravagée vaudrait à son ex-propriétaire un certain nombre d'actions de chemins de fer cochinchinois, et qui serait déterminé, comme de juste, d'après les conclusions de l'homme de l'art sur la surdité du réclamant.

Quant à la suppression du nez, elle vaudrait, soit une indemnité pécuniaire, soit un grand assortiment de nez d'argent habilement badigeonnés, affectant des formes diverses et, au besoin, donnant le flair artistique.

Réellement, n'y aurait-il pas un parti à tirer de cette trouvaille?

Je l'abandonne aux réflexions des chercheurs.

XXVI

La municipalité de Noisy-le-Grand vient de mettre un nouveau fleuron à sa couronne en la personne de Poilpot (Théophile pour Léonide Leblanc).

Je fais de mon mieux pour en féliciter la municipalité de Noisy, mais je n'en garde pas moins une arrière-pensée. On me fera difficilement oublier, en effet, que j'ai vu de mes yeux le nouveau conseiller peindre en vert la queue d'un cochon, dans le coupable but de persuader à ses propriétaires,—braves et naïfs villageois de la Brie,—que cet innocent animal était atteint de la rougeole.

On dira tout ce qu'on voudra, ces choses-là laissent toujours une traînée dans le souvenir de ceux qui en ont été témoins.

Je sais bien que depuis ce temps-là les jours ont croulé sur les jours, les semaines sur les semaines, et les années sur les années. Je sais bien que Poilpot, il y a quelque trois ans, s'est fait médailler au Salon, qu'il a peint le panorama de Reischoffen, le panorama de Buzenval et celui de Balaklava; ça ne m'empêche pas d'envisager avec méfiance les destinées d'un personnage politique qui a dans son passé une queue de cochon anormale.

On n'est pas maître de ses sentiments, qu'est-ce que vous voulez que je vous dise.

La mystification et la blague, tant qu'on voudra; mais du moment qu'on tente de les associer aux intérêts de la mère-patrie, alors, qu'il n'en soit plus question. Je ne suis pas pour la macédoine.

*

D'ailleurs, je ne sais à quoi cela tient, mais on s'est mis depuis quelque temps à fa ire dans les ateliers de peintres, une vraie râfle de fonctionnaires.

Ainsi, il y avait à Paris, l'an dernier, un rapin du nom de Sapeck, lequel était parvenu à se faire une réputation universelle en se promenant dans le passage Jouffrroy avec un parapluie ouvert et en se rendant à la musique militaire du Luxembourg vêtu d'un costume de Turc, qui inspirait aux petites filles les plus cruelles inquiétudes. Ce fantaisiste avait un choix de plaisanteries excessivement varié. C'est ainsi qu'en plein jour, boulevard Saint-Michel, les pieds au bord du trottoir, il se livrait à diverses facéties, consistant la plupart du temps à se retourner les paupières en s'allongeant les coins de la bouche, ou à se retourner les lèvres en s'allongeant démesurément les yeux.

Ces grimaces faisaient, comme disent les enfants, pleurer le bon Dieu et la sainte Vierge, mais aussi elles faisaient rire les imbéciles, ce qui mettait le comble à la joie de Sapeck.

Le gouvernement français a cru devoir reconnaître ces petits talents de société en confiant à Sapeck la gestion d'une sous-préfecture dans un département de l'Est.

Il a accepté avec joie.

Je comprends ça.

Seulement, on ne m'ôtera pas de l'idée que la nature l'avait créé pour la scène des Folies-Bergère plutôt que pour la diplomatie, et j'en arrive à réclamer une ambassade en faveur du petit bossu, qui sur le terre-plein du Pont-Neuf, se fait alternativement passer sa bosse, de derrière par devant et de devant par derrière, (exercice dédié aux dames).

*

Il y a eu, grâce à Dieu, en notre doux pays de France, des mystificateurs d'une espèce moins vulgaire: Romieux, Monier, Nestor Roqueplan, et tant d'autres.

Le bon Lafontaine était de ceux qui se font dire des histoires, moi je suis du ceux qui en racontent et je ne me laisserais pour rien au monde échapper cette bonne occasion d'en placer une que vous ne connaissez peut-être pas.

La voici:

Nestor Roqueplan, de son vivant directeur des Variétés, puis de l'Opéra, fut un jour amené à dîner par un ami chez d'honnêtes commerçants du quartier du Mail. Homme d'un tact exquis, il crut devoir payer sa bienvenue de son mieux, et se livra à un gaspillage d'esprit qui bouleversa littéralement ses hôtes; à telle enseigne que le repas fini et le moment du départ arrivé, ces bravos gens sous le poids de leur reconnaissance, se mirent à pleurer comme des veaux:

—Mon Dieu, monsieur, dit en le reconduisant la maîtresse de la maison, comment assez vous remercier et que d'excuses à vous faire! Notre dîner était exécrable, n'est-ce pas?

—Exécrable, répéta le mari.

—Vous plaisantez, fit Roqueplan; j'ai dîné en prince, je vous le jure.

—Vous ne dites pas ce que vous pensez, reprirent en chœur les deux époux. Ah monsieur Roqueplan, il faudra venir nous demander votre revanche. Quand viendrez-vous briser le pain de l'amitié?

—Quand vous voudrez, conclut, pour en finir, l'auteur de la *Vie parisienne*.

—Ce n'est pas une réponse, cela. Monsieur Roqueplan, il faut venir demain,

—Monsieur Roqueplan, il faut venir après-demain.

—Monsieur Roqueplan, il faut venir tous les jours.

—Roqueplan sourit:

—Oh! tous les jours!

—Oui, tous les jours. N'est-ce pas un si grand honneur pour de pauvres petites gens comme nous... Roqueplan, ahuri, se sauva.

*

Le lendemain de cette mémorable journée, le petit ménage de la rue du Mail se chauffait les pieds devant le feu, en attendant l'heure de se mettre à table, quand tout à coup un coup de sonnette retentit.

—Qui diable peut venir à cette heure-ci, fit la femme?—Ah! M. Roqueplan! Quelle surprise!

Roqueplan entrait en effet, beau comme un astre, le sourire sur les lèvres, une rose à la boutonnière.

—Je viens, dit-il, vous demander ma revanche.

On devine la joie de ces braves gens. Immédiatement la femme de ménage courut acheter des cotelettes, tandis que la maîtresse de la maison se jetait dans la confection d'œufs à la neige. Bref, à sept heures on se mettait à table, à huit-on prenait le café, à neuf Roqueplan s'en allait.

—Quel homme charmant, fit le mari.

—Je ne sais pas à quoi cela tient, dit la femme, il m'a paru moins amusant qu'hier.

Le lendemain, à six heures du soir, coup de sonnette.

—M. Roqueplan, annonça la bonne.

—Ah! sacristi, dit le mari, que voilà une chose contrariante, il faut que j'aille changer de chemise.

—Ne vous gênez. donc pas pour moi, fit Nestor Roqueplan qui entrait, vous êtes très bien comme vous êtes. Je viens vous demander à dîner en ami, mais je ne saurais souffrir aucune cérémonie. Réellement, vous me contraririez.

La femme se pinça légèrement les lèvres:

—Il est regrettable, dit-elle, que vous ne nous ayez pas prévenus. Vous allez faire un bien mauvais dîner.

—Bah! dit *l'invité*, je ne suis pas difficile.

Et tout passa comme la veille. Roqueplan mangea comme quatre, but comme douze, s'essuya la bouche et fila,

—Drôle de corps, dit le petit bourgeois de la rue du Mail. Ce n'est pas un mauvais garçon, mais, mon Dieu, qu'il est embêtant avec ses surprises.

Ce qui n'empêcha pas que le lendemain, à six heures, un nouveau coup de sonnette ne vint troubler pour la troisième fois la tranquillité des deux petits bourgeois.

Ils se regardèrent, très émus:

—Je parie que c'est encore Roqueplan, dit le mari.

—Par exemple, exclama la femme, ça deviendra de l'indiscrétion.

Roqueplan n'en apparut pas moins, la main tendue, souriant comme toujours.

—J'ai omis, dit-il, de vous prévenir hier. Aussi, afin d'être sûr de ne pas l'oublier, je vous préviens tout de suite pour demain.

*

Et le lendemain, à six heures, coup de sonnette, et le surlendemain à six heures coup de sonnette, et pendant huit jours de suite, à six heures du soir, coup de sonnette.

Le neuvième jour, la femme de ménage dit à Nestor Roqueplan qui venait de sonner.

—Mon cher monsieur, *Ils* sont sortis, vous pouvez repasser un autre jour.

—Comment, sortis! dit Roqueplan, je les avais pourtant prévenus.

Puis, l'écartant doucement de la main.

—D'ailleurs, cela ne fait rien. Je dînerai sans eux. veuillez mettre mon couvert.

XXVII

Profondément dégoûté de l'existence pour y avoir trouvé un cheveu, un monsieur s'est flanqué à lui-même ses huit jours. Il a conçu l'idée d'aller voir au fond de l'eau si ses illusions y étaient, et, pour mener son projet à bonne fin, il s'est payé une corde neuve sur ses économies de garçon.

Les personnes qui ne voient les choses qu'au point de vue superficiel vont s'empresser de déclarer que ce monsieur manquait de logique, attendu qu'on ne se noie pas plus avec une corde qu'on ne se brûle la cervelle avec un parapluie.

Jugement téméraire, s'il en fût. Le pauvre diable qu'on vient de repêcher à Bercy était un parfait philosophe, édifié depuis longtemps sur la valeur des belles résolutions et sur la fragilité des volontés humaines. Et il s'est dit:

–Toi, mon petit, je te connais. Tu n'auras pas dix pouces d'eau sur la tête que tu reviendras déjà à de meilleurs sentiments et à la surface du fleuve, d'où tu te hâteras de sortir, pour aller te sécher au soleil. Il y aura mal-donne; ce sera à refaire. Or, on n'est pas disposé tous les jours, et le meilleur est d'en finir une bonne fois. Je te mettrais bien une pierre au cou mais tu n'aurais qu'à t'étrangler, et ces choses-là sont toujours désagréables. Dans ces conditions, je vais te ficeler agréablement et je réponds absolument du reste.

Et, comme il l'avait fort bien dit, il se ficela agréablement, puis ceci fait, se laissa rouler le long de la berge.

Pas plus difficile que ça.

*

On trouvera peut-être mauvais que je me livre à (les facéties sur le compte des suicidés, mais ça m'est tout à fait égal.

En somme, les suicidés sont allés à la mort comme ils seraient allés à Asnières, sans que rien les y eût forcés, et uniquement pour leur agrément. Je ne vois donc pas pourquoi je me priverais de faire des blagues sur des gens qui se payent des parties de plaisirs pendant que le peuple crève de faim.

Ceci dit pour votre gouverne et ma défense.

Quant au jeune homme de Bercy, nous laisserons ses mânes eu paix, si ça peut vous être agréable, et je me bornerai à dire que, repêché avant-hier soir, pieds et poings liés, il a mené son projet à bonne fin, plus heureux en cela que le personnage d'une histoire que je sais.

Elle est peut-être un peu connue, cette histoire, mais elle est assez réjouissante pour mériter l'honneur d'une réédition.

*

Il y avait une fois un pauvre diable qui s'était tellement fait rincer à Monaco, qu'il ne lui restait plus que trente sous et des regrets.

Désespéré, il résolut d'en finir, mais d'en finir d'une manière radicale... ou souveraine, selon l'opinion politique de mes lecteurs.

Pour ce faire, il s'acheta avec ses trente sous une corde pour se pendre et de l'arsenic pour s'empoisonner, puis il se rendit sur une roche, y attacha sa corde au-dessus de la mer, de façon à se noyer en cas de rupture, avala le contenu de son flacon, se passa précipitamment le nœud coulant autour du cou et, ainsi lesté pour la mort, se lança dans l'immensité. J'ajoute que, jugeant ces précautions absolument insuffisantes, il s'était, en outre, muni d'un pistolet de cavalerie, dont il tenait la gâchette sous le doigt.

Que pense-t-on qu'il arriva?

Oh! mon Dieu, une chose bien simple.

Le pauvre diable, je le répète, n'était pas dans un jour de veine, et il était écrit que rien ne lui réussirait.

Le pistolet ne rata pas, c'est vrai, mais la balle coupa la corde: le pendu piqua une tête dans l'Océan, c'est encore vrai, mais, comme Télémaque, il but l'onde amère et, recueilli séance tenante par des pêcheurs, il rendit non seulement toute l'eau qu'il qu'il avait avalée, mais encore tout l'arsenic qu'il avait pris. En sorte que dix minutes après, empoisonné, noyé, pendu, il se retrouvait gros Jean comme devant et purgé pour le restant de ses jours.

Comme quoi il n'y a pas à dire mon bel ami, aux volontés de la Providence.

D'ailleurs, cette mésaventure lui a coupé la guigne comme avec un sabre et sa propre corde de pendu est devenue pour lui un précieux fétiche.

Aujourd'hui il est gros et gras; la fortune le regarde avec des yeux de maîtresse; sa femme le trompe sans qu'il s'en doute, et il a été nommé conseiller municipal aux élections de dimanche dernier.

XXVIII

Dans le demi-jour mystérieux du boudoir où un parfum de roses flottait, langoureusement étendue sur la soie douce du sopha, Schneider, belle de teinture et de poudre de riz, eut un pâle sourire d'amour, et tendant à son noble époux, le comte de Bionne, ses bras que les fausses manches du peignoir laissaient à nu avec une complaisance coupable:

—Achille, dit-elle, rends-moi mère!

Le comte de Bionne qui s'ennuyait comme au Rat-Mort s'approcha de la Belle-Hélène:

—Ah! gaillarde, dit-il en lui appliquant sur les joues de petites tapes amicales, nous ne serons donc jamais raisonnable? Vous avez cependant, ne vous en déplaise, votre belle pièce de cinquante ans.

—Cinquante ans! s'exclama Schneider, je vous jure que je ne les ai pas.

—Raison de plus pour que je vous les donne, répartit la crème des époux. Mais laissons cela, et causons de choses sérieuses. Si je vous ai bien entendue, vous voudriez un petit comte? Eh bien, rien de plus aisé au monde, et je m'en vais vous en faire un, séance tenante.

Et l'aimable gentilhomme, fidèle à la parole donnée, fit immédiatement à sa femme un petit compte d'apothicaire, tendant à ce que cette dernière le fit inscrire au grand-livre de la Dette publique pour une rente de 300fr. par mois, sa vie durant,

*

Cette prétention était d'autant plus excessive que Dieu, comme chacun sait, prête vie aux petits poissons.

Hortense Schneider, calmée comme par enchantement dans ses effervescences juvéniles, sauta légèrement de son sopha, et, s'enveloppant dans son peignoir, avec cet air de grande dame qui la caractérise:

—"Mon cher, dit-elle, je suis une ancienne belle fille; je suis restée une bonne fille, mais il ne faut pas en abuser. Je reconnais très volontiers que vous êtes un gentil garçon, auquel je ne puis guère reprocher que d'avoir pris un peu trop de ventre depuis le jour de notre mariage; je suis donc votre humble servante, mais pour les trois cents francs, vous pouvez vous gratter, si j'ose me servir de cette expression. «

Sur quoi le comte de Bionne, qui n'est pas entêté, prit son chapeau, salua jusqu'à terre, et s'en alla en Italie.

*

Étrange nature, ce comte de Bionne.

Né de parents pauvres mais graveurs sur bois, il se sentit, dès l'âge le plus tendre, emporté par une vocation irrésistible vers toutes les professions possibles et imaginables, et éprouva un goût des plus déterminés pour les diverses situations qu'un homme peut être à même d'occuper dans le cours de son existence. C'est ainsi qu'il passa successivement de l'étude du droit à la politique, de la politique à l'agiotage, de l'agiotage à la littérature critique et de la littérature critique aux bras potelés d'Hortense Schneider, pour laquelle il éprouvait une passion que. du reste, il lui partageait avec plusieurs autres femmes charmantes.

D'abord simple roturier, ainsi qu'il en appert de son acte de baptême, puis gentilhomme, ainsi qu'il en résulte de ses cartes de visites, il fut tour à tour Italien et Français, puis il redevint Italien, et cette fois définitivement.

J'ai fait assister mes lecteurs à la petite scène toute intime qui détermina M. Bionne–ou de Bionne–à regagner le sol, j'allais dire de la mère patrie oubliant qu'on ne peut guère considérer l'Italie que comme une vague belle-mère pour ce vague bourgeois gentilhomme. Je reprends maintenant mon récit au point où je l'avais laissé.

*

Parvenu à Naples de son pied léger, M. de Bionne se présenta devant les tribunaux et s'exprima dans les termes suivants:

"Messieurs,

" J'ai le regret de vous faire savoir que par une suite de circonstances dont il serait oiseux de vous entretenir, j'ai épousé, au mois d'octobre 1881, Mlle Hortense Schneider. Monsieur l'adjoint au maire de Vanves en témoignera à l'occasion. Cette union est restée stérile, Mlle Hortense Schneider ayant eu la délicate attention de m'avouer son âge–quarante-huit ans –le soir même de nos noces, sur le coup de minuit, au moment où je songeais à enlever mon gilet, et les confidences de ce genre étant généralement d'un effet déplorable dans des circonstances comme celle-là.

" Ce fut un véritable seau d'eau dans les jambes de mes illusions. Elles en sont encore mouillées.

„ Mais la question n'est pas là et j'y arrive.

" A peine entré en ménage, j'acquis la triste certitude que Mlle Hortense Schneider avait une faiblesse regrettable pour tout ce qui a l'apport à la parfumerie. Elle se livrait à des dépenses exagérées de pots de pommade, de fards de toutes nuances et de savons au suc de laitue. Pour vous en donner une idée, j'ai payé, un jour, une note de quarante-sept pattes de lapins. J'ai tenté à plusieurs reprises de lui faire des observations et de la ramener à de plus justes senti ments d'économie, je me suis toujours buté à un entê tement systématique et à des expressions que je crois inutile de rapporter ici.

" Dans ces conditions, je me vois forcé de renoncer à la société de Mlle Schneider. Je demande, en conséquence, la séparation de corps, et un jugement con damnant Mlle Schneider à me payer dès à présent une pension de trois cents francs par mois, juste indemnité de mes soucis passés et des quarante-sept pattes de lapin dont j'ai eu l'honneur de vous entretenir."

Ce que le tribunal italien, dans sa haute justice s'est empressé de lui accorder.

*

Restait à faire exécuter le jugement, que Mlle Hortense Schneider a naturellement accueilli par un violent éclat de rire, et M. Bionne (ou de Bionne) vient de s'adresser pour ce faire à la Cour d'appel de Paris.

Quel sera le résultat du procès, c'est ce que nous saurons bientôt.

Il y a toutefois lieu de penser que l'issue lui en sera fatale, et que ce mystérieux personnage peut, dès à présent, "se regratter", comme dit si élégamment la dame aux pattes de lapin.

XXIX

Ilexiste à Saint-Mandé (Seine) une dame qui n'a jamais eu qu'un enfant.

Ce phénomène—je ne parle ni de l'enfant ni de la mère—est un caractère tellement exceptionnel qu'il eût été cruel de ne pas le livrer à l'épâtement (les populations. Aussi, la dame de Saint-Mandé s'est-elle fait un devoir de les en prévenir, en ajoutant, avec une légitime fierté, qu'elle aurait pu faire beaucoup plus si le cœur lui en avait dit.

Je n'étonnerai certainement personne en disant que cette déclaration, faite sous forme de lettre et adressée au principal rédacteur d'un grand journal quotidien du matin qui s'est hâté de lui faire voir le jour, a jeté Paris dans une stupeur profonde. La Bourse en est tombée de son haut.

—Comment, s'est-on écrié d'une seule voix, cette dame n'a accouché qu'une fois dans sa vie!

—Une seule fois, c'est elle-même qui le dit.

—Mais alors, s'est-on encore demandé, d'où vient qu'elle n'a eu qu'un rejeton, étant donné que, de son propre aveu, elle eût pu en avoir plusieurs?

Ah! voilà! Eh bien, je vais vous le dire.

Ça vient purement et simplement de ce qu'aimant les enfants avec une passion folle, elle considère leur présence sur la terre comme tout à fait inutile. Il y a peut-être dans cet argument une subtilité qui échappe à l'esprit, mais je vous prie de croire que je n'y suis pour rien et que je m'en tiens scrupuleusement aux termes de la lettre ci-dessus mentionnée.

*

Ma première pensée, je l'avoue, a été que les enfants, n'ayant aucun point de commun avec le chien de Jean de Nivelle, viennent la plupart du temps quand on ne les appelle pas et au moment où l'on y songe le moins.

Erreur profonde, comme on le voit. Il n'y a pas d'accommodements qu'avec le ciel, et la dame de Saint-Mandé est de celles qui tranchent une difficulté avec la main.

" Il est possible, dit-elle en effet dans sa lettre, de s'aimer et de se livrer à de tendres caresses entre époux, sans pour cela augmenter tous les ans le nombre des malheureux." Et, là-dessus, la voilà emballée, partie comme une petite folle, et lancée la tête la première à travers une foule de détails qui d'ailleurs, il n'y a pas à se le dissimuler, ne manquent pas d'un réel intérêt.

C'est ainsi qu'elle nous initie à l'emploi de ses soirées intimes entre neuf heures et dix heures et demie, pénètre dans de multiples considérations sur les avantages précieux que trouve un jeune ménage à ne pas se tourner le dos au lit, apprécie à leur juste valeur les qualités du bord et celles de la ruelle, et nous introduit jusqu'au cou sous ses couvertures conjugales, ce qui, en ce temps de panoramas militaires, fait une diversion agréable.

Et elle ajoute que son mari est mort après dix ans d'union.

Je le crois sans peine.

Tout, même, me porte à penser que le défunt devait avoir un assez bon tempérament. J'en fais appel au jugement de tous ceux qui savent ce que parler veut dire, et savent aussi à quoi s'en tenir sur le compte de ce que la dame de Saint-Mandé appelle publiquement des caresses.

*

Au fond, à ne vous rien celer, la singulière lettre en question m'inspire une certaine méfiance, et je ne puis me défendre d'une arrière pensée à l'égard d'une femme encore jeune, qui professe pour les chateries un culte aussi mal déguisé, et qui, pour en finir, n'a eu que dix ans de ménage.

Je me demande s'il n'y a pas là quelque invitation à la valse à l'adresse des messieurs disponibles qui ne crachent pas sur les gourmandises et s'en remettent volontiers aux choux du soin de propager la race.

Cette façon singulière pour une femme d'attacher des grelots après ses jarretières me parait sujet à caution, et, malgré moi, l'idée d'une réclame alléchante et économique vient se présenter à mon esprit.

Il est clair que si la personne dont il s'agit eût fait mettre dans les journaux une annonce conçue dans les termes suivants:

UNE DAME VEUVE

ENCORE JEUNE ET BELLE

Ennemie de s appétits brutaux et des satisfactions

bestiales, mais possédant

des trésors de caresses et d'ingéniosité

ÉPOUSERAIT VOLONTIERS

UN ARTISTE

elle eût eu trop de chances de se faire blaguer. Ce qui permet de supposer qu'elle a pu chercher à côté... ne fut-ce que par habitude.

XXX

Je reçois la lettre suivante, que je reproduis sans commentaires:

R... le... mai 1884.

Monsieur le rédacteur.

J'ai l'honneur de vous informer que j'assigne le président de la République devant les tribunaux français comme abusant du droit de grâce. Le procès sera jugé dans le courant du mois, et pour le cas où il vous serait agréable de prendre votre part de cette petite fête, je tiens à votre disposition deux excellentes places de dames.

La chose vaudra la peine d'être vue et vous n'aurez à regretter, j'ose le dire, ni votre temps ni votre dérangement.

Voici les causes qui m'ont déterminé à cette mesure énergique:

Il faut vous dire que ma femme me trompe. Cela vous est profondément égal, et à moi de même, je vous prie de le croire, mais enfin elle me trompe, avec une opiniâtreté qui, même, n'est pas sans m'inspirer une certaine admiration. Je lui ai fait à plusieurs reprises, les plus sages représentations: monsieur, elle est entêtée comme une mule. Vous ne pouvez pas vous faire une idée de ce que c'est que cette petite tête là. Du reste, vous allez en juger.

Il y a à peu près un mois, je lui dis à brûle-pourpoint:

—Honorine, ma fille, tu n'es pas sérieuse: tu passes ta vie à me tromper. Ça dure comme ça depuis le commencement de notre ménage, et, à la longue, ça devient rasant. Je ne peux pas mettre les pieds ici sans me buter contre un tas de gens que je ne connais ni d'Eve ni d'Adam, et qui me saluent dans l'escalier. Tout ce monde entre chez moi comme chez lui, salit lu parquet, crache sur les chenets, laisse égouter des parapluies sur le tapis; je t'avertis que j'en ai assez, et qu'un beau jour je me fâcherai. Tu peux te le tenir pour dit.

Là-dessus, je vais l'aire une partie de piquet.

Vous croyez peut-être que cette petite leçon a été de quelque utilité. Détrompez-vous. En rentrant, à minuit, je trouve le sous-préfet de l'arrondissement se prélassant sous mes couvertures!

Pour le coup, je ne vous le cache pas, la patience m'a échappé.

Ah! ai-je dit, tu ne veux pas en avoir le démenti. Eh bien, c'est ce que nous allons voir. Je vais faire constater lu délit par le commissaire de police.

Et me voilà parti, sourd aux supplications d'Honorine, non sans avoir au préalable fermé toutes les portes à clé et confisqué les vêtements du sous-préfet.

Quinze jours après ma femme passait en justice et attrapait un mois de prison.

Vous savez, monsieur le rédacteur, que la loi française, dans les cas de ce genre donne le droit de grâce au mari outragé. Honorine que son avocat avait prévenue, fit le diable à quatre pour me carotter mon indulgence, mais ça ne prit pas, comme bien vous pensez. La perspective d'un mois de vacances me bouchait du reste, les oreilles et le cœur (si j'ose me servir de cette expression métaphorique,) et je m'en frottais d'avance les mains.

Je commençais même à trouver le temps long et je me préparais à faire des démarches en vue de hâter le jour de l'incarcération, quand un matin Honorine me dit:

—Mon petit chat, j'ai la joie de t'apprendre que ma peine a été commuée.

Je bondis:

—Commuée!

—Mon Dieu oui, par M. Grévy, qui a bien voulu prendre en considération la supplique que je lui ai adressée.

C'était vrai, monsieur, c'était vrai. J'ignore ce qu'avait pu lui dire la misérable; toujours est-il que le président de la République s'était montré une fois de plus le père des grâces et avait commué l'emprisonnement de ma femme en une amende de 1,000 francs. C'était d'autant plus drôle pour moi que, marié sous le régime de la communauté, j'avais de par la loi la satisfaction d'avoir à les payer, sous peine d'y être contraint par toutes les voies de droit.

Que vous dirais-je; je les payai, mais en me jurant bien d'en avoir le dernier mot.

Et voilà pourquoi, monsieur le rédacteur, je fais un procès au Président de la République.

Que le chef de l'Etat fasse grâce aux assassins, parce que ce sont des fous et des inconscients, je ne trouve rien à y redire; qu'il gracie les mineurs d'Anzin, parce que ce sont des malheureux, je n'y vois pas d'inconvénients, mais qu'il gracie les femmes adultères parce qu'elles ont beaucoup aimé, on avouera que c'est un peu raide.

Qu'en pensez-vous?

Agréez, etc. (Signature illisible.)

LES FOUS (VILLE-EVRARD)

" Clic, clac! encore un coup de jarret! Tire bon, Marie-Madeleine! "

C'est le cocher qui parle à sa jument. Sur le petit omnibus jaune qui a le trot sec, comme disent les hussards, trois jeunes gens en chapeau de soie et en gilet de piqué blanc, chantent en chœur une scie à la mode et se payent une entrée à sensation dans le village de Neuilly qu'ils révolutionnent. Des deux côtés de la rue, les maisonnettes s'accottent, tandis que, par dessus les murs, les arbres des jardins fusionnent et s'embrassent. Juché à côté du cocher, les jambes sous la même couverte, le voyageur à qui sa position élevée permet de plonger librement dans l'intimité des habitations, par les croisées ouvertes à l'air frais du matin, s'amuse du désordre des chambres à coucher où des jeunes femmes, les coudes nus, tordent leurs cheveux devant la glace.

Vingt tours de roues, et voilà le pays déjà loin. Allégée des trois chanteurs, la voiture roule sans une secousse, presque sans bruit, sur le sol battu de la grande route. A deux cents mètres, devant nous, Ville-Evrard, blanche comme une mariée et coiffée de rouge, incendie toute une bande de l'horizon, derrière une famille de peupliers encore privés de leurs feuilles.

Et par instant, dans une bouffée de vent, les hurlements des *agités* parviennent confusément jusqu'à nos oreilles.–

*

J'arrive à l'heure du déjeuner. Sur de petits chariots à trois roues, des malades tranquilles et qu'on utilise au service intérieur de l'asile, transportent en tous sens la nourriture et la vaisselle. L'appétit leur donnant des jambes, les pauvres diables se poursuivent et rient, et c'est ainsi qu'en moins de cinq minutes les treize cents pensionnaires de Ville-Evrard sont, à leur grande satisfaction, .installés devant leurs assiettes pleines. Un potage, deux plats, un dessert et vingt centilitres de vin, tel est le menu habituel. La quantité de vin allouée aux malades varie, d'ailleurs, avec leur état de santé et aussi avec les services qu'ils rendent. Elle peut être doublée, triplée même.

Je laisse ces malheureux à table et je vais moi-même partager le déjeuner qui m'est offert avec la grâce la plus parfaite par les internes de l'hôpital, MM. Maréchal, Ladoucette, Morin, Petit, etc. Je passe ainsi une heure charmante dans la-société de ces jeunes gens, à la fois hommes de sienee et hommes d'esprit, et qui veulent bien ensuite, avec une amabilité dont je les remercie aujourd'hui autant en mon nom qu'au nom de mes lecteurs, me sacrifier toute une journée d'étude.

C'est donc sous la bonne escorte de M. Emile Maréchal-et de M. Edmond Ladoucette que je m'aventure, non sans émotion, dans ce pays de l'inconnu qui s'appelle le pays des fous, et dont je vais rendre de mon mieux le sentiment de profonde tristesse mais aussi d'intérêt puissant.

*

Le beau temps a permis aux fous de passer leur après-midi dans la vaste cour du quartier. Ils s'y promènent mélancoliquement mais très paisiblement en somme, et leur allure n'a rien d'inquiétant. Ils ont surtout l'air de gens qui s'ennuient, et leurs uniformes gros bleu que complète une casquette plate, les fait ressembler à d'inoffensifs invalides.

Seul, l'un d'entre eux, une espèce de colosse barbu. l'air bon garçon, chante à toute voix je ne sais quel morceau d'opéra, qu'il accompagne de gestes emphatiques et qu'il coupe d'éclats de riro bruyants, à chaque mesure. Il nous aperçoit, vient à nous, empoigne M. Maréchal sous le bras et fait ainsi quelques pas auprès de lui, avec une familiarité de vieux camarade, mais sans interrompre sa chanson, dont il lance chaque note avec une recherche prétentieuse. Maréchal, complaisant, sourit et applaudit. L'homme, brusquement, l'arrête sur place:

—Vous savez, je veux sortir demain. Voilà assez longtemps qu'on me garde, j'en ai assez. Méfiez-vous, car si je me mets en colère, je vous fiche mon billet que ça ne sera pas drôle.

Je le regarde. Ce gros père réjoui est tout à coup devenu sombre; et il reprend avec autorité:

—Demain, vous entendez, demain!

—Oui, dit Maréchal, c'est convenu.

C'est, évidemment, tout ce que l'autre demande, car il reprend son insouciante gaieté et aussi le morceau d'opéra un air de *Robert*, si je ne me trompe.

Dans un coin de la cour, au soleil, un jeune homme se tient à l'écart et nous regarde venir à lui avec une angoisse évidente. Celui-là se croit femme, jeune femme, et sa pudeur toujours inquiète le porte à fuir la société de ses compagnons. Nous approchons, il baisse modestement les yeux et devient rouge jusqu'aux oreilles. Il répond cependant aux questions qu'on Lui adresse, et nous apprend, d'une voix troublée, par l'émotion, «qu'il est veuve, qu'il est mère de quatre enfants, que son mari a été tué pendant la guerre—etc. Il termine, du reste, en priant qu'on lui donne une cigarette, et naturellement, je m'empresse de satisfaire ce désir.

Imprudence fatale! En un instant, tous les pensionnaires de la cour qui nous suivent des yeux et ont vu le mouvement, accourent, se précipitent, me bloquent, et me voici dans un cercle de tous, pauvres gens très doux et très humbles, qui tendent la main, larmoyant, implorant une pincée de tabac. Dame, je ne sais auquel entendre: je partage mon tabac de mon mieux, jusqu'au moment où des gardiens rompent ma prison et me remettent sain et sauf aux mains de mes conducteurs qui m'enlèvent précipitamment, en riant comme des enfants, à mes inoffensifs bourreaux.

*

Ce qu'il y a de particulier chez un très grand nombre de fous, c'est la complète non-apparence de la folie–bien entendue pendant un certain temps. C'est ainsi que successivement je tra verse plusieurs salles, très étonné, de voir tous les malades se ranger devant nous, nous saluer, et répondre de la manière la plus intelligente aux questions que nous leur posons.

Il sera possible d'entamer contre un fou une discussion d'une nature quelconque. Il la soutiendra certainement. Selon l'intelligence dont il est doué par la nature (et qui, d'ailleurs, n'est pas altérée dans sa masse par l'idée fixe qui hante le malade) il développera avec clarté et précision les arguments qui se présenteront à sa pensée, raisonnera avec la logique la plus serrée, entrera dans les considérations les plus abstraites et ainsi jusqu'à l'heure où tout à coup il se trahira par quelque idée de persécution ou de grandeur. Nuage passager, au surplus, et qui parfois même passera inaperçu à des yeux qui ne le guettent pas.

On peut se demander en quoi une inoffensive manie nécessite la réclusion du maniaque, conservé à l'asile malgré ses prières réitérées.

C'est purement et simplement parce qu'il ne faut pas se fier à des apparences souvent trompeuses. Un beau jour, le fou le plus tranquille, le plus doux, le plus anodin, devient brusquement causeur, puis bavard, puis incohérent. Il entre dans la période dite de l'agitation, qui aboutit parfois à la camisole de force.

L'accès dure quatre, cinq, six jours, plus ou moins, et disparait comme il est venu.

Il peut se renouveler dès le lendemain, de même qu'il peut ne se re-présenter qu'au bout d'un laps de temps extrêmement éloigné.

ça n'est souvent qu'une question de température.

La cervelle d'un fou, c'est un baromètre.

*

Autour de la salle, qu'éclairent mal des fenêtres placées trop haut, les gâteux reposent côte à côte dans de vastes fauteuils de bois, et dont on voit dépasser en dessous des cuvettes en fer battu destinées à ce que l'on devine. Ils sont immobiles, silencieux, comme des chanoines dans leurs stalles canoniques, et leur bave tombe sur leurs genoux.

Qu'on entre, qu'on sorte, qu'on parle, qu'on fasse battre les. portes derrière soi: pas un mouvement; à peine si une tête se soulève, si une paupière s'entr'ouvre.

C'est la brute dans son anéantissement, l'animal au-dessous du der-nier animal, parce qu'il a perdu jusqu'au sens de sa propre vie. Evidem-ment, l'instinct de la conservation, le premier sentiment qui trahisse la présence d'une âme, est disparu de chez ces êtres.

Parfois l'un d'entre eux se réveille, agite les bras, lance au hasard des syllabes quelconques, secoue ses jambes comme un enfant, puis retombe immédiatement dans sa stupeur et dans son vide.

Je fuis en hâte ce spectacle épouvantable et peu consolant pour les gens qui ont le malheur de ne pas croire à grand'chose. Cette fragilité de l'âme humaine se marie mal dans ma pensée à une idée d'immortalité.

Je passe.

*

A l'infirmerie, où nous entrons, quelques malades sommeillent paisiblement. Deux seulement sont éveillés.

Le premier est un vieux brave homme aux cheveux en brosse et de qui les grosses moustaches blanches sont trempées de larmes. J'ignore quels anciens souvenirs d'existence calme et paisible troublent sa tête détraquée, mais, assis dans son lit, il pleure bruyamment sur la première page du Petit Journal qu'il tient déployée devant lui.

La grimaces de ce pauvre vieux, dont la bouche se tire et va rejoindre les oreilles, et qui épelle le titre du *Petit Journal* en en scandant chaque syllabe d'un sanglot, est à la fois bouffonne et lamentable: elle a cette tristesse émouvante que le grotesque engendre quelquefois.

Installées près de lui sur deux chaises, sa femme et sa fille, en visite, assistent à cette scène avec la plus complète indifférence, bâillent dans leurs mains, tirent leurs montres, et, non sans impatience, attendent quatre heures pour filer.

L'autre malade, un coude dans le traversin, lit avec attention un ouvrage sur l'Algérie, qui lui a été confié par la bibliothèque de l'Asile. A notre approche, il ferme son livre se soulève, sourit en tendant la main aux internes qu'il connait, et engage la conversation.

Je reconnais aussitôt un de ces fous, presque toujours lucides, auxquels je faisais allusion tout à l'heure.

On cause; il conte sa petite histoire, ses campagnes aux zouaves d'Afrique, etc. Sur une question, il avoue, en souriant, une petite faiblesse pour l'absinthe dont il buvait autrefois jusqu'à dix et douze verres par jour. Tout à coup, il se met à rire.

—Au fait, il parait que je suis fou.

—Bah, répond M. Ladoucette.

—Oui, le docteur l'a dit hier.

—Pour vous faire peur. Aussi, vous lisez trop de romans, mon cher.

Tandis que la causette continue, j'inspecte la salle d'infirmerie à laquelle une scrupuleuse propreté donne une véritable apparence de luxe. Devant les cheminées des carpettes soigneusement tirées jettent une note vive d'une gaieté charmante. Sous les pieds, les parquets reflètent comme des glaces. C'est tout simplement merveilleux.

A ce moment, entre la sœur des malades, vêtue de blanc, de ce blanc crème dont on enveloppe les cercueils des vierges. Elle s'arrête d'abord, toute surprise, puis avec un demi-sourire et sur un petit ton un peu contrarié du jeune femme qu'on surprend décoiffée:

—Messieurs, dit-elle, vous venez dans un bien mauvais jour. Il y a un désordre, ici!

*

Les fous sont classés par quartiers, en raison de l'intensité de la maladie, et c'est plus particulièrement sur les femmes que la progression du mal est curieuse à observer. Il se fait, d'un quartier à l'autre, une différence presque complète, une gradation très singulière dans une agitation qui s'accentue de plus en plus à mesure que l'on avance, dans un vacarme qui va sans cesse grandissant pour aboutir à ces clameurs effrayantes des agitées, qui percent les fenêtres closes et s'entendent encore à une lieue de là, en plaine.

Je prends une catégorie moyenne.

Nous entrons: immense brouhaha, des injures grossières nous accueillent, ou simplement des quolibets. Des folles se pâment de rire, d'autres, qui nous regardent, chuchotent et ricanent. On vient à nous, on nous entoure, on nous prend les bras et les mains, on nous dévisage en souriant, avec une curiosité derrière laquelle il y a une tentation. Un grand nombre de ces malheureuses sont robustes et bien portantes, et, l'intelligence partie, la bête reprend le dessu s.

Nous somme forcés de battre en retraite, protégés par les gardiennes, et dans une recrudescence d'exclamations et d'injures. Sur le seuil, on me glisse une lettre dans la main:

—Monsieur, jetez ça à la poste en sortant '

J'échange avec la sœur un coup-d'œil d'intelligence et je me charge de la commission dont, naturellement, je ne crois pas devoir m'acquitter.

Le tapage effroyable dont nous sortons n'est rien auprès de ce qui nous attend dans l'immence salle où cent cinquante toquées vont, viennent, se poursuivent, se renversent, hurlent et bràment toutes ensemble. Debout sur des chaises; les bras étendus il y en a qui conférencient, parlant au vide, rient ou sanglotent. C'est un langage précipité et continu, une suite de mots absolument incohérents et où l'on chercherait vainement à démêler l'ombre d'une pensée. D'ailleurs, disparition complète de toute connaissance extérieure; notre présence passe inaperçue; ces malheureuses ne voient plus autour d'elles que les visions qui les hantent.

Entièrement isolée au milieu de cet enfer, une folle en état de stupeur s'est assise sur une marche d'escalier et, les coudes sur les genoux et la tète dans les mains, garde une immobilité de morte. On peut s'approcher d'elle, lui parler, la secouer, on n'en obtiendra ni un mot ni un signe; ce sera le mutisme absolu, persévérant, irraisonné, et qui persistera encore quand la malade sera soumise à ce supplice de la nutrition quand même, par la sonde chargée de bouillon qui lui sera de force introduite dans le nez.

Et sans transition, nous passons de cet assourdissement au calme hébété des gâteuses.

Même spectacle que tout à l'heure; plus lamentable et plus navrant peut-être, car il y a là des jeunes femmes, il y a des femmes jolies, aux profils fins de vignettes anglaises. Heureusement, les monstres dominent; c'est une galerie de masques fantastiques, de têtes sans formes, d'errata sans noms, dont les lèvres cachent les mentons et dont les yeux sortent, gros comme des œufs, sous des fronts hauts comme la main. Ce cauchemar. est presque une consolation.

*

J'ai dit que le service intérieur de Ville-Evrard occupait un assez grand nombre de malades. Une centaine de folles tranquilles bavardent du matin au soir, en battant leur linge, dans l'immense buanderie de l'asile, où, comme on peut le croire, il n'y a jamais de chômage.

Au moment où nous y entrons, on retire d'une cuve d'eau de savon, où elle vient de se jeter, la tête la première, une pauvre vieille poursuivie de la monomanie du suicide, comme me l'explique une jeune femme qu'à son costume brun rayé de noir je reconnais pour une folle.

*

Tout un corps de bâtiments est occupé par de vastes ateliers où des fous ouvriers travaillent sous l'œil d'un patron. La plus grande partie de ces malades sont de simples alcooliques que la tempérance forcée a déjà guéris aux trois quarts, et qui, comme de justp, réclament à grands cris leur *billet de sortie*. On le leur donnera un jour, mais le plus tard possible, et en ayant bien soin de leur garder leur place. Tous, en effet, ou presque tous, sont des incurables du vice, le qui la première visite, une fois dehors, sera pour le premier marchand de vin qui se trouvera sur leur passage. Après une ribote, une seconde; après une seconde, une troisième, et ainsi jusqu'au jour où reparaîtront les hallucinations, suivies immédiatement du retour à Ville-Evrard.

On me montre un garçon de vingt ans qui vient d'y faire sa troisième rentrée

Tout ce petit monde travaille, s'agite. C'est en sifflant le *P'tit Bleu* qu'un menuisier achève un cercueil de bois blanc où le pauvre diable qui y sera déposé ne manquera bien sûr pas d'air.

Un grand jeune homme, assis sur un rebord de table, m'intrigue par le singulier travail de patience da n s lequel il parait absorbé.

—Que diable faites-vous là, monsieur?

—Un jeu d'échecs.

Et il me tend une petite pièce de bois où s'indique encore vaguement une figurine sculptée au canif.

—Ah! et quelle sera cette pièce?

Il sourit.

—Le fou, me dit. c'est toujours par lui que je commence, par déférence pour la maison.

A l'atelier de serrurerie, un vieillard lime avec le plus grand soin de minuscules lames de fer.

—Messieurs, nous dit-il, voilà ce qui peut s'appeler un véritable travail de fou. Je cherche le mouvement perpétuel, et je crois même l'avoir trouvé.

—En vérité Peut-on regarder?;

—Comment donc!

Le pauvre homme, manifestement enchanté, nous exhibe, l'un après l'autre, tous les rouages de sa machine, développe sa théorie et entre jusqu'au cou dans des explications au bout desquelles je parviens à comprendre qu'il a découvert... le moulin à eau.

*

Ville-Evrard possède également une salle d'études où les fous qui veulent s'instruire viennent faire des problèmes au tableau et écrire sous la dictée. Un jeune homme, timide et doux comme une demoiselle, et nommé, je crois, M. Richomme, a eu le courage d'accepter cette tâche lamentable de professeur des fous. Il s'en acquitte avec un zèle et avec une intelligence dignes de toutes les admirations.

Il compte au nombre de ses élèves un malheureux garçon dont la tête d'hydrocéphale, les yeux sans regards, la lèvre pendante, trahissent, à première vue, l'idiotie complète. A force de volonté, de patience, de vertu, M. Richomme est parvenu à lui donner une espèce d'instruction!

Cette brute sait écrire!

Je n'hésite pas à donner ce résultat, comme l'un des plus miraculeux effets de l'intelligence humaine.

Elle est amusante, d'ailleurs, cette classe dont les tables portent des noms gravés en creux, avec une pointe de couteau. Sur le bois blanc d'un pupitre, des écoliers que leur ennui a un beau jour improvisé artistes, ont dessiné des silhouettes à la plume. Je reconnais mal un énorme Gambetta qui, à la tribune, le bras étendu, lance dans un ballon qui lui sort de la bouche la phrase fameuse:"Se démettre ou se soumettre", tandis qu'à ses côtés un soleil rayonnant encadre cette mélancolique exclamation:

FOU MALGRÉ LUI!

Avis sum!

*

Mais il faut pourtant en finir.

Les proportions inquiétantes de cette narration sèche mais fidèle, ont déjà peut-être à vue d'œil découragé un certai n nombre de nos lecteurs, et je ne veux pas augmenter mes remords en abusant de la patience des autres.

Au résumé, le résultat d'une visite aux fous, c'est une impression de tristesse noire et aussi, je le répète, de découragement profond.

Je ne veux attaquer chez personne des croyances que je respecte et que j'envie, mais je dois constater ceci: c'est que ce spectacle, dont le récit ne rend sans doute pas l'horreur, n'est pas fait pour les gens d'âmes faibles qu'inquiète un avenir gros de doutes, et dont la vision incessante de la mort trouble chaque heure de la vie.

GEORGES COURTELINE.

Paris.–Imp. PARENT&Cie, 13, rue de Buci.

Table des matières

XI LA NÉERLANDIDE ou LES STÉVENS ENNEMIS	50
XXIII	100
LES FOUS (VILLE-EVRARD)	129
I	5
II	11
III	15
IV	18
AUX CHIENS PERDUS	19
V	22
L'EXÉCUTION DE CAMPI	23
VERSION DE L' "OURS BRUN"	23
VERSION DE L'" OURS BLANC"	25
VERSION DE L' "OURS NOIR"	26
VI	28
A THÉOPHILE GAUTIER Auteur d' Albertus!	31
VII	33
VIII	38
IX	42
PREMIÈRE QUESTION	43
DEUXIÈME QUESTION	44
TROISIÈME QUESTION	44

X	46
SCÈNE PREMIÈRE	50
SCÈNE II	51
SCÈNE III	52
SCÈNE IV	53
SCÈNE V	55
XII	58
XIII	62
XIV	67
ACTICLE PREMIER	68
ART2	68
ART. 3	69
ART. 4	69
XV	70
ROYAUME DE HOLLANDE EXPOSITION UNIVERSELLE D'AMSTERDAM	71
XVI	75
XVII	78
XVIII	83
XIX	86
XX	89
XXI	93
XXII	97
XXIV	103
XXV	106

XXVI	109
XXVII	115
XXVIII	118
XXIX	122
XXX	126